財務省

ザイムちゃん

ガイムっち

外務省

文部科学省

モンカ先生

JN191810

コクどん

国土交通省

ボーエざえもん

防衛省

環境省

カンきょん

いちばんわかる！日本の省庁ナビ 6
経済産業省・国土交通省

監修：**出雲明子**

ポプラ社

省庁（しょうちょう）って、なんだろう？

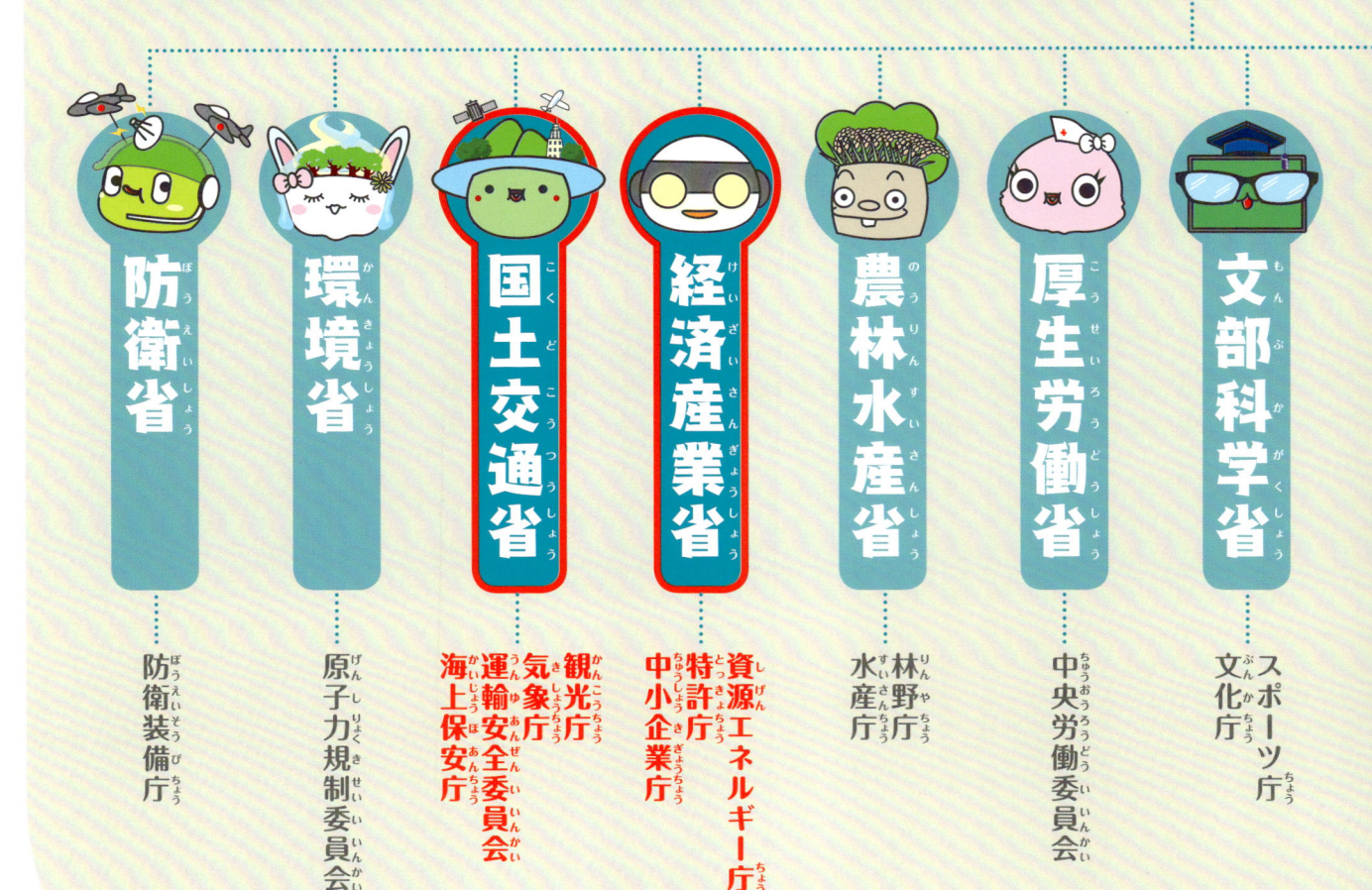

内閣（ないかく）

安全保障会議（あんぜんほしょうかいぎ）　　人事院（じんじいん）　　内閣法制局（ないかくほうせいきょく）

防衛省（ぼうえいしょう）

環境省（かんきょうしょう）

国土交通省（こくどこうつうしょう）

経済産業省（けいざいさんぎょうしょう）

農林水産省（のうりんすいさんしょう）

厚生労働省（こうせいろうどうしょう）

文部科学省（もんぶかがくしょう）

防衛装備庁（ぼうえいそうびちょう）

原子力規制委員会（げんしりょくきせいいいんかい）

海上保安庁（かいじょうほあんちょう）
運輸安全委員会（うんゆあんぜんいいんかい）
気象庁（きしょうちょう）
観光庁（かんこうちょう）

中小企業庁（ちゅうしょうきぎょうちょう）
特許庁（とっきょちょう）
資源エネルギー庁（しげんえねるぎーちょう）

林野庁（りんやちょう）
水産庁（すいさんちょう）

中央労働委員会（ちゅうおうろうどういいんかい）

スポーツ庁（ちょう）
文化庁（ぶんかちょう）

※復興庁（ふっこうちょう）は、東日本大震災（だいしんさい）から10年をむかえる2021年までに廃止（はいし）されることになっている。

みなさんはニュースなどで、「財務省」や「消費者庁」のような、「省」や「庁」がつく機関の名前を聞いたことはありませんか？　これらの「省庁」は、わたしたち国民が安心してゆたかなくらしを送れるように、さまざまな仕事をおこなっている国の役所です。

日本には、それぞれ役割がことなる内閣府と11の省のほか、さまざまな庁や委員会があります。この「いちばんわかる！日本の省庁ナビ」シリーズでは、各省庁の仕事をわかりやすく解説します。

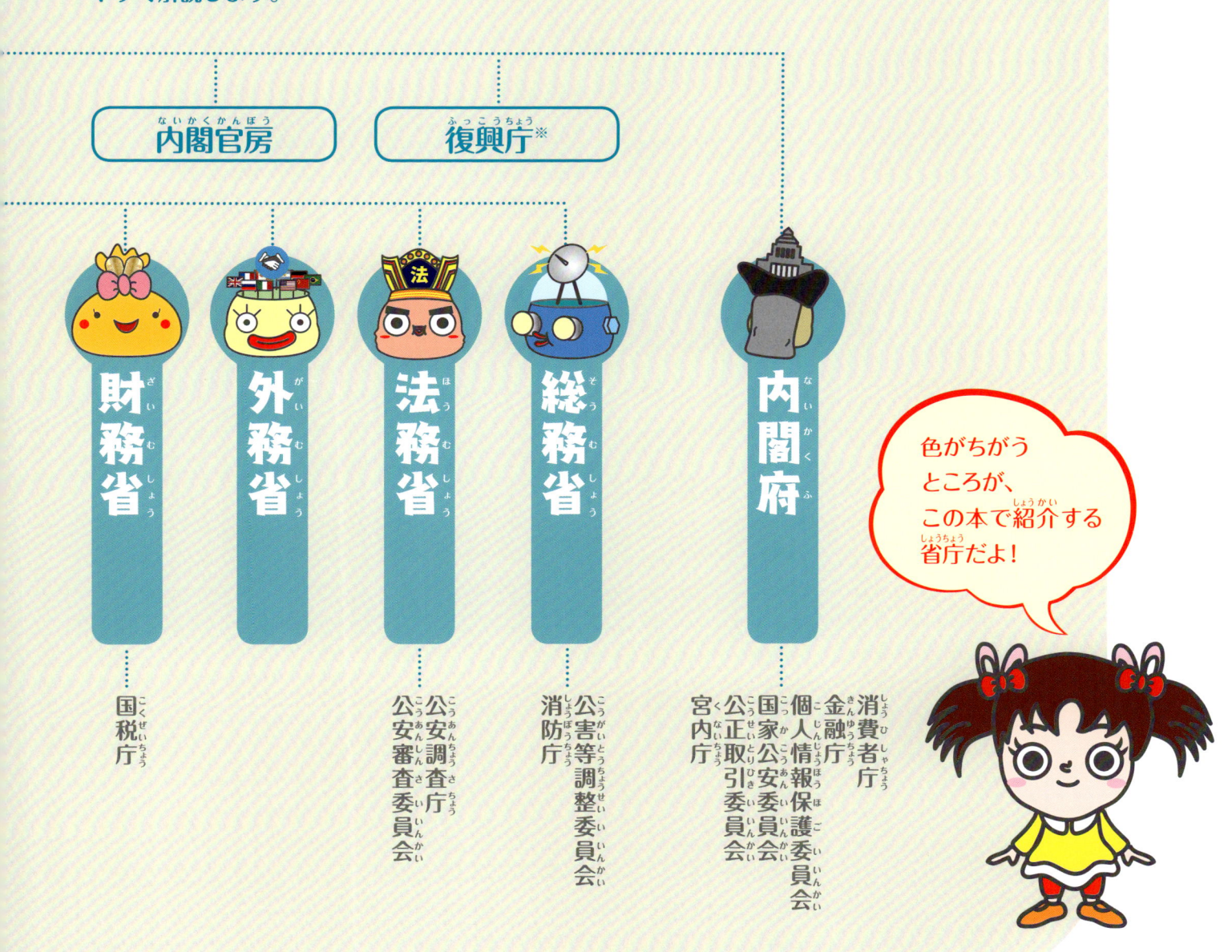

内閣官房

復興庁※

財務省

外務省

法務省

総務省

内閣府

国税庁

公安調査庁
公安審査委員会

消防庁
公害等調整委員会

消費者庁
金融庁
個人情報保護委員会
国家公安委員会
公正取引委員会
宮内庁

色がちがうところが、この本で紹介する省庁だよ！

いちばんわかる！日本の省庁ナビ 6

経済産業省・国土交通省

もくじ

「ケイサンダーだ！わたしについてきなさい。」

「ぼくはコクどんだよ。みんな、がんばろう！」

ケイサンダー（経済産業省）

最新の技術がつめこまれたロボット。きまじめな性格で、思いこんだら一直線。

趣味：計算問題の早とき

苦手なもの：海水浴

好きなことば：必要は発明の母

コクどん（国土交通省）

少しおっちょこちょいだが、心が広く、だれにでもやさしい。意外とスポーツが得意。

趣味：ダンス

苦手なもの：からいもの

好きなことば：果報は寝て待て

「この巻では、この2人が教えてくれるんだね！」

「経済産業省と国土交通省では、どんな仕事をしているのかな？」

第 1 章
経済産業省の仕事

経済産業省ってどんなところ？

日本を元気な国へみちびく仕事

　日本が活力のある国でいるには、「経済」が活発であることが欠かせません。

　むずかしいことばですが、じつはわたしたちも「経済」に参加しています。たとえば、ある会社がジュースをつくります（生産）。それをコンビニが売り（流通）、わたしたちがお金を出して買います（消費）。この「生産・流通・消費」のくり返しが、経済なのです。

　ものやサービスが売れれば、企業やお店はもうかります。元気な会社は人をやとい、はたらいた人は収入を得ます。そのお金で消費をするので、企業はさらにもうかり、はたらく人の給料も上がるかもしれません。

　こうして人や企業がお金を得ると、それだけ国に税金も入ります。国はそのお金をつかい、国民のくらしを便利にできるのです。

　そんな日本にするために、経済産業省は、経済をよりよくする仕事をしています。

　たとえば、企業の技術開発をサポートしたり、国民が積極的に消費をしたくなるようにうながしたりします。外国との貿易をスムーズにしたり、日本の高い技術や魅力的な文化を海外に売りこんだりする仕事もします。ものづくりにつかう石油などの燃料を、必要なだけ確保することも、欠かせない役割です。資源を大事にするためのリサイクルや地球温暖化対策などにもかかわり、経済活動で環境に負担をかけないようにしています。

　とても広い分野ではたらく経済産業省。その仕事を見てみましょう。

経済を発展させるしくみをつくる

経済をささえる「産業」が発展すれば、わたしたちのくらしも、どんどんゆたかで便利になっていきます。そのために、経済産業省では、さまざまなしくみをつくっています。

経済産業省 の仕事

「産業」ってなんだろう

「産業」というのは、わたしたちの生活に必要な商品やサービスをつくりだしたり、提供したりするための経済活動のことです。「第1次産業」、「第2次産業」、「第3次産業」に分かれていて、経済産業省が担当するのは、第2次産業と第3次産業です。

第2次産業は、たとえば、工場で機械や食品などの製品をつくったり、ビルや家を建てたりする産業です。機械の部品の原料になる、銅、金、銀などをほり出す仕事も、第2次産業です。

第3次産業は、工場でつくった機械や製品を売ったり、生活に欠かせない電気やガスなどを提供したりする商売やサービスです。また、荷物をはこぶ運輸業、インターネットなどにかかわる情報通信業、銀行などの金融業、介護などの福祉事業などもふくまれます。第3次産業はとてもはばの広い産業で、年ねんふえています。

経済産業省の担当分野

第2次産業（工業）
第1次産業でとれた産物の加工・商品化

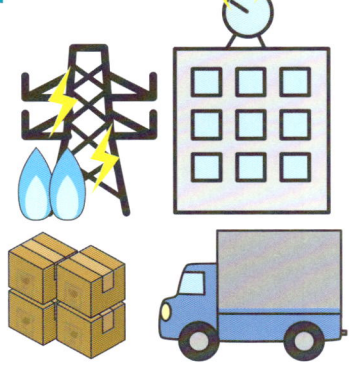

第3次産業（商業）
商品の販売・流通やサービス業など

第1次産業は、農業や漁業などの仕事で、農林水産省が担当しているよ。

時代にあわせた手助け

1950年ころ、日本は第二次世界大戦の影響で落ちこんだ経済を立てなおすために、いろいろな政策をおこなっていました。たとえば、石炭などの貴重な資源を国が管理して特定の産業を育てるためにふり分けたり、外国企業の活動に規制をかけたりしていました。国内の企業を育て、守るとりくみを進めた結果、日本は大きな経済成長をとげました。

しかし現代は、科学やコンピュータ技術などの進歩によって、状況はかわってきています。そのため、今の時代にあわせた制度をつくり、国全体の産業を発展させていく必要があります。

その制度を考えるのが、経済産業省の仕事です。たとえば、日本の産業をささえている中小企業や新しい企業を、外国との競争に勝てる企業に育てるためにお金を出して支援しています。また、安全で安定したエネルギーを確保したり、省エネやリサイクルにつながるしくみをつくったりしています。

経済を発展させるためのおもな役割

日本の企業やお店を元気にする。

外国との経済協力や貿易がうまくいくしくみをつくる。

情報産業・流通産業などを手助けする。

中小企業を手助けする。

資源やエネルギー、環境問題にとりくむ。

このほか、製品の安全性のチェックや、消費者の権利を守るとりくみもおこなっているよ。

貿易のしくみをつくる

貿易とは、外国と商品やサービスを売り買いすることです。産業の発展に欠かせない貿易をスムーズにおこなうため、どんなとりくみをしているのでしょうか。

日本の貿易の特徴

日本は、外国から原料や材料を輸入して工業製品をつくり、それを輸出する「加工貿易」がさかんな国です。たとえば、燃料となる原油と原料を輸入して、自動車などの製品をつくって、外国に輸出する、という形です。

日本は1980年以降は、輸入額より輸出額が多い「貿易黒字」でした。しかし、2011〜

2015年は輸入額のほうが多い「貿易赤字」になりました。

2011年に貿易赤字になった大きな理由の一つに、東日本大震災の影響があると考えられています。原子力発電所が止まったため、火力発電所でつかう石油や天然ガスなどの燃料の輸入が、ぐんとふえたのです。

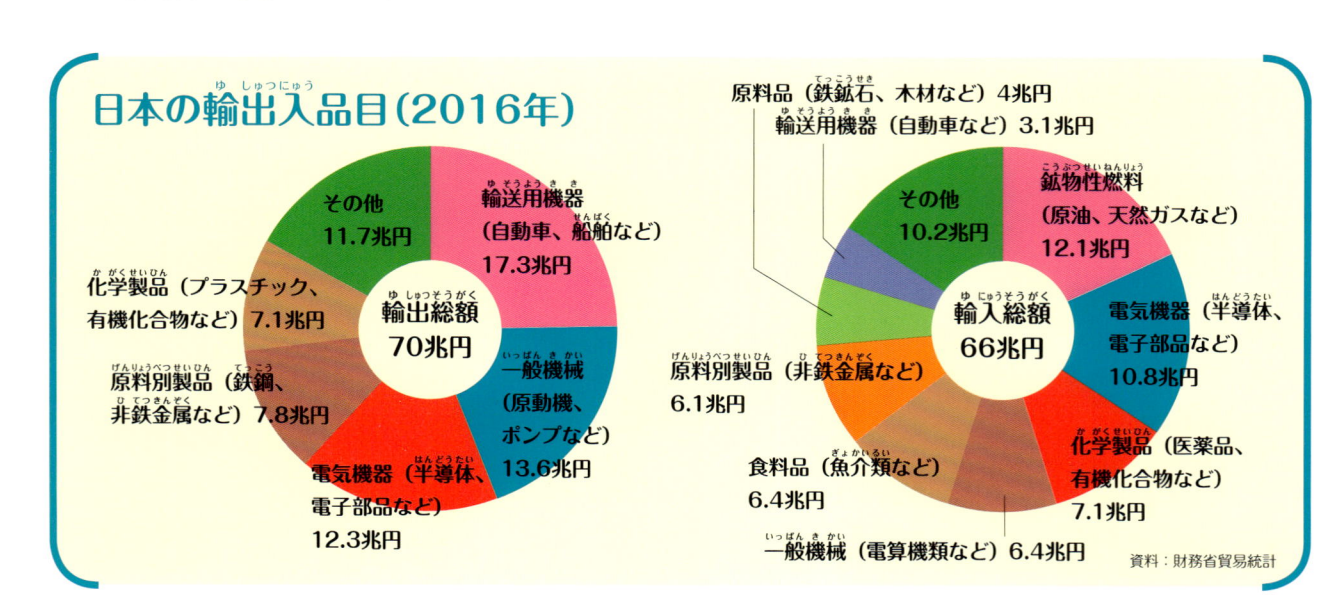

日本の輸出入品目（2016年）

輸出総額 70兆円
- 輸送用機器（自動車、船舶など）17.3兆円
- 一般機械（原動機、ポンプなど）13.6兆円
- 電気機器（半導体、電子部品など）12.3兆円
- 原料別製品（鉄鋼、非鉄金属など）7.8兆円
- 化学製品（プラスチック、有機化合物など）7.1兆円
- その他 11.7兆円

輸入総額 66兆円
- 原料品（鉄鉱石、木材など）4兆円
- 輸送用機器（自動車など）3.1兆円
- 鉱物性燃料（原油、天然ガスなど）12.1兆円
- 電気機器（半導体、電子部品など）10.8兆円
- 化学製品（医薬品、有機化合物など）7.1兆円
- 一般機械（電算機類など）6.4兆円
- 食料品（魚介類など）6.4兆円
- 原料別製品（非鉄金属など）6.1兆円
- その他 10.2兆円

資料：財務省貿易統計

新しい貿易のルールをつくる

輸出と輸入のバランスがとれていると、国の経済は安定します。そして、世界の国ぐにが、おたがいの利益になる自由な貿易ができれば、日本も相手の国も、よりゆたかになります。そこで、自由な貿易を進めるための動きが、現在の世界では急速に広まっています。

そのためのルールとして、2つの国のあいだで、輸出入の際の税金（関税）をかけず、自由に貿易を進めることができるようにするための、FTA（自由貿易協定）や、EPA（経済連携協定）というとりきめがあります。さらに、2つの国だけで約束ごとをきめるのは効率が悪い場合もあるので、たくさんの国が集まって、より大きな地域ごとにむすぶ協定もあります。

経済産業省は、貿易相手の国や地域に日本とFTAやEPAをむすぶようにはたらきかけたりして、世界の中で日本の企業が活動しやすくなるようなとりくみをおこなっています。

> 最近は、太平洋をとりかこむ国ぐにで自由に貿易ができるようにするTPP（環太平洋経済連携協定）というしくみが進められているね。

経済産業省の仕事

FTAやEPAがむすばれるとどうなる？

むすばない場合 輸出や輸入の際に製品に関税がかかり、自由で公平な貿易がしにくい。

むすんだ場合 関税がかからないので、貿易が活発になる。しかし、外国製品が大量に入ってきて、国内の企業がダメージを受ける可能性もある。

新しい技術の開発を助ける

日本は、すぐれた科学技術力を産業に役立てて、これまでくらしをゆたかにしてきました。今も研究や開発が進められ、日本の未来が大きくかわろうとしています。

経済産業省の仕事

すぐれた日本の科学技術

日本は、石油や天然ガスなどの天然資源が少ない国で、そのほとんどを、外国からの輸入にたよっています。そのため、貴重な天然資源をむだなくつかうための研究が熱心におこなわれ、科学の力を利用した、「科学技術（テクノロジー）」が発達してきました。

科学技術は日本の産業を発展させ、日本の工業製品は世界でも人気になりました。日本製の自動車やオートバイ、製品の組み立てなどにつかわれる産業用ロボット、電子部品なども、科学技術の進歩で生まれた工業製品です。

日本がとくに積極的にとりくんでいるのが、ロボット開発です。人間の歩行を助ける介助ロボットや、人間そっくりのアンドロイドロボット、本物のペットのようなしぐさをするイヌ型ロボットなどが次つぎ開発され、世界のロボット技術見本市などで紹介されています。

経済産業省では、こうした日本の技術力を、世界にむけてアピールしています。

イヌ型エンタテインメントロボットaibo「ERS-1000」。
写真提供：ソニー

日本はすぐれた科学技術をもつ「ロボット先進国」なんだ。

# 人間の世話をするロボット？

　日本がロボット開発に力を入れる理由は、日本の社会で、少子高齢化（子どもの数がへり、お年よりがふえること）が進んでいることが関係しています。

　このまま少子高齢化が進むと、若い人がへり、はたらくことのむずかしい人ばかりの国になってしまいます。そうなると、経済にも影響が出てしまいます。そこで、日本の大学や企業では、人間のかわりに工場や病院などではたらくこと

ができたり、人間のことばを理解して会話ができたりするロボットの開発にとりくんでいます。

　経済産業省では、このような新しい科学技術を、わたしたちのくらしに役立てるために、お金を出したりして研究を応援しています。

人間のことばがわかるロボットなんて、すごいね！

経験したことから学習して行動できる人工知能（AI）をそなえたロボットの研究も進んでいるよ。

現在の日本でもロボットの導入は進んでいて、工場ではたくさんの産業用ロボットが活躍している。写真はロボットが自動車を組みたてるようす。

経済産業省　の仕事

材料の技術開発を応援する

石油や金属などの資源や、それを加工した材料は、日本の産業をささえています。経済産業省は、これらを安定して得るしくみづくりを進め、新素材の開発も応援しています。

資源と材料は産業の土台

　日本は、外国から輸入した原油（石油をつくる原料）や鉱石（金属をつくる原料）などの資源を加工した材料で、多くの製品をつくっている工業国です。とくに原油や鉱石は、日本のさまざまな産業をささえる大事な資源です。

　たとえば、わたしたちが飲む缶ジュースの缶は、アルミニウムや鉄などの金属を材料につくられます。工場でつくられた缶は食品工場にはこばれ、缶の中にジュースが入れられます。で

きた缶ジュースをはこぶためにつかう自動車をつくるのにも、金属はとても重要です。

　また石油は、工場の機械や自動車を動かす燃料になるだけではありません。石油からは、プラスチックやナイロン、ポリエステルなど、わたしたちの生活に欠かせない工業製品もつくられます。

　経済産業省では、工業製品をつくる会社などがこれらの資源や材料を安定して得られるように支援する、たいせつな仕事をしています。

ぼくが着ている洋服はナイロン製だって。石油からできているなんてびっくり！

自動車も洋服も、さまざまな材料を加工してつくられた工業製品という意味では同じ。

日本をささえる素材産業

輸入される鉱石や原油などの資源は、そのままではつかえません。つかう目的にあわせて加工され、工業製品をつくる材料になります。

たとえば、鉄（鉄鋼）は、製鉄所で、原料の鉄鉱石に石炭（コークス）や石灰石をまぜてつくられます。そうしてできた鉄は、外国に輸出されたり、工場へ出荷されたりして、自動車や飲みものの缶などの材料になるのです。

製鉄所のように、資源から材料をつくり、製品づくりのために提供する産業のことを、「素材産業」といいます。

福岡県北九州市の八幡製鉄所。鉄をつくる製鉄業は、素材産業の代表的なものの一つ。

素材産業は、日本のものづくりに欠かせない産業で、工業製品をつくる会社は、新しい素材が提供されることを待ち望んでいます。経済産業省では、製品をつくる会社や、実際に製品をつかう人の要望を調べて、新素材の技術開発にお金を出したり、開発を進めやすいしくみづくりにとりくんだりしています。

スマートフォンなどの最新の製品には、液晶やタッチパネルなどに、新しい素材がつかわれている。
写真提供：ソニー

画期的な素材を開発するために、国をあげて応援しているよ。

経済産業省の仕事

資源の活用にとりくむ　資源エネルギー庁

石油などの資源をほとんど輸入にたよっている日本では、省エネや新しい資源の開発に積極的です。どんなとりくみがおこなわれているのでしょうか。

経済産業省  の仕事

もしも電気が止まったら?

石油や天然ガス、石炭などの天然資源は、電気やガスなどのエネルギーになる、大事なものです。しかし、日本は天然資源がとても少なく、使用量の90%近くを輸入しています。

もしも今、その輸入ができなくなってしまったら、どうなってしまうのでしょうか。

まず、火力発電所が止まって電気が十分に行きわたらなくなります。するとエアコンや冷蔵庫、パソコン、携帯電話などもつかえなくなり

ます。機械を動かす電気がないと、食品工場では食べものの生産が止まり、コンビニからお菓子もなくなります。また、石油の輸入が止まったら、石油からガソリンがつくれないので、電車や飛行機の運行もできません。

そのような"もしも"にそなえるのが、経済産業省に所属する資源エネルギー庁です。資源エネルギー庁ではさまざまなとりくみをおこなって、安定したエネルギーの供給につとめています。

ガラ〜ン
あら!?
!?

資源が不足する問題にそなえて、省エネ政策や新エネルギーの開発を進めているよ。

新しいエネルギーを広める

　火力発電所で電気をつくるときにつかう石油、石炭、天然ガスなどは、二酸化炭素を大量に発生させ、地球の気温や海水の温度が上がる「地球温暖化」をまねきます。また、ガソリンで動く自動車も、二酸化炭素を出して走ります。こうした環境問題を改善することも、資源エネルギー庁が省エネ政策や新エネルギーの開発をおこなう目的の一つです。

　たとえば、資源エネルギー庁では、太陽光で発電し、それを家庭でつかえる設備をそなえた住宅をつくっている会社や、むだなエネルギーをつかわずに動く自動車をつくっている会社に、開発のお金の一部を出しています。また、それらの商品を買う人が、より安い値段で買えるよう、しくみをととのえたりしています。

　このように、新エネルギーの利用を広めるほか、世界で資源をほり出せる場所を調査したり、メタンハイドレートなどの新しい資源をエネルギーとしてつかえるようにするためのとりくみを進めています。

> 日本周辺の海底にたくさんあるといわれるメタンハイドレートは、「燃える氷」ともよばれて注目されている資源だよ。

経済産業省　の仕事

電気自動車（EV）の開発は急速に進んでいて、今後ますます利用者がふえるとみられている。

海底にねむるメタンハイドレートの産出試験に使用された、地球深部探査船「ちきゅう」。　©JAMSTEC/IODP

新しい技術や発明を守る 特許庁

みなさんがつかっているシャープペンシルや、カップラーメンなどの便利な商品は、発明から生まれました。新しい技術や発明を守るためのとりくみが、「特許」です。

経済産業省 の仕事

発明を守るとりくみ

苦労して開発した新製品や技術を、ほかの会社がどんどんまねをして製品をつくったら、どうなるでしょうか。新製品が売れずに、すぐれたアイデアや技術をもつ会社が損をしてしまうかもしれません。

日本には、産業を発展させるためにつくられた「工業所有権（産業財産権）」という制度があって、新技術や新デザインなどを考えた人や、考えた会社を守っています。その仕事をしているのは、経済産業省に所属する特許庁です。

工業所有権には、「特許権」「実用新案権」「意匠権」「商標権」の4つがあります。

これらの権利は、特許庁に自分のアイデアをまとめた書類を出し、ほかに似たものがなければみとめられ、新しい特許として登録されます。特許を得ると、ほかの会社などに勝手にまねをされることがなくなります。

4つの権利（スマートフォンの場合）

特許権
新しい電池の発明や、画面の操作方法、プログラムの発明など

実用新案権
スマートフォンのつくりや、ボタンの配置などの新しいアイデア

商標権
メーカーや通信会社がつける製品の名前や包装に表示するマークなど

意匠権
形や模様、色など、スマートフォンを特徴づけるデザインなど

参考：特許庁ホームページ

新しい技術が商品に

発明者の権利を守るだけでなく、特許があることで、さらなる発明や研究も進みます。

新しい技術やデザインなどを特許庁にとどけ出ると、特許庁のホームページなどで公開され、いろいろな人がアイデアを見られるようになります。すると、それをヒントにして、新しい技術を考える人が出てきたり、そのアイデアをつかった商品を売り出したいと思う人もあらわれます。その結果、新しい技術の開発や製品化がますます進んで、日本の産業は元気になります。

特許庁に登録されている発明は、「勝手につかってはいけない」という法律で守られているので、その発明をつかいたい場合は、特許をもっている人にお願いする必要があります。

特許庁のホームページは、外国からも見ることができます。そのため自分の考えたアイデアを外国で勝手につかわれないようにしたり、アイデアや商品を外国で売る権利をもらったりするために、特許庁を通じて、特許の取得をおたがいに協力をしている国（PCT加盟国）に書類を出すこともできます。

PCTは「特許協力条約」の英語名の略で、2017年現在、152か国が参加しているよ。

わたしたちになじみが深い製品も、その多くが特許によって権利を守られている。

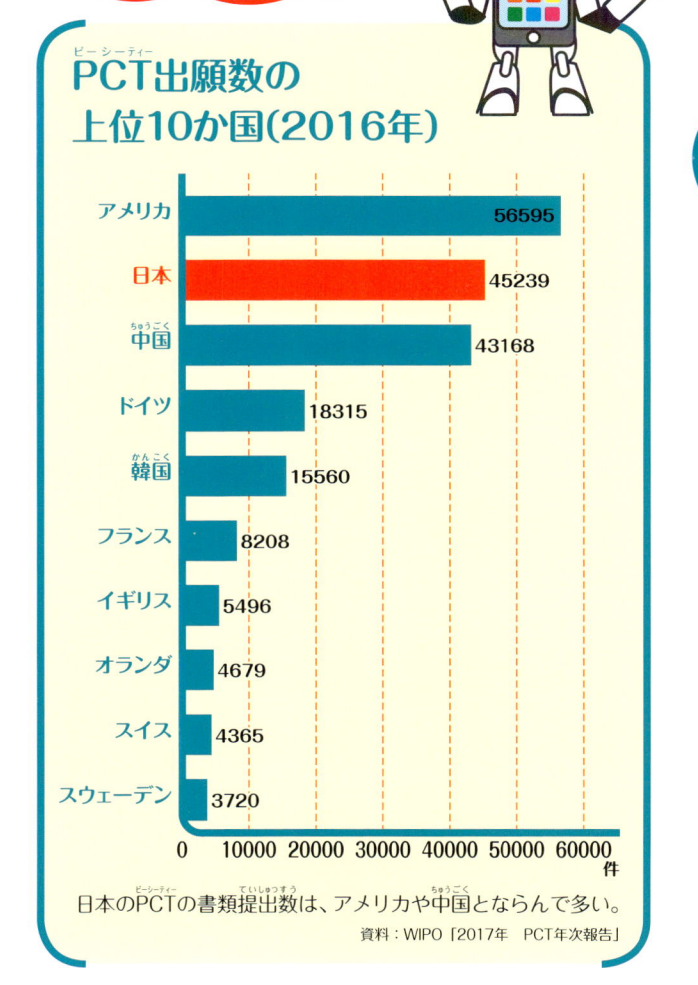

PCT出願数の上位10か国（2016年）

アメリカ	56595
日本	45239
中国	43168
ドイツ	18315
韓国	15560
フランス	8208
イギリス	5496
オランダ	4679
スイス	4365
スウェーデン	3720

0　10000　20000　30000　40000　50000　60000　件

日本のPCTの書類提出数は、アメリカや中国とならんで多い。

資料：WIPO「2017年　PCT年次報告」

経済産業省 の仕事

中小企業の活躍を助ける　中小企業庁

日本の産業は、小さな企業にささえられて大きく成長してきました。こうした中小企業の活動をもりたてるため、さまざまな政策がおこなわれています。

産業をささえる中小企業

日本には、工業製品をつくるところ、食品を売るところ、スマートフォンのアプリを開発するところなど、会社がたくさんあります。そのほとんどが、大企業から注文を受けて仕事をする中小企業です。中小企業とは、たとえばものをつくる製造業の場合、従業員が300人以下、または資本金（会社をつくり、維持していく基礎となる資金）3億円以下の事業所です。

日本は大企業よりも中小企業のほうがずっと多く、99.7%が中小企業です。ところが近年、中小企業は減少がつづいていて、とくに、製造業や建設業の数が大きくへっています。それには、経営者の高齢化、はたらき手の不足のほか、原料などの値上げも関係しています。技術力はあっても、経営をつづけられない会社が多いのです。製造業や建設業がへると、ほかの産業にも大きな影響が出てしまいます。

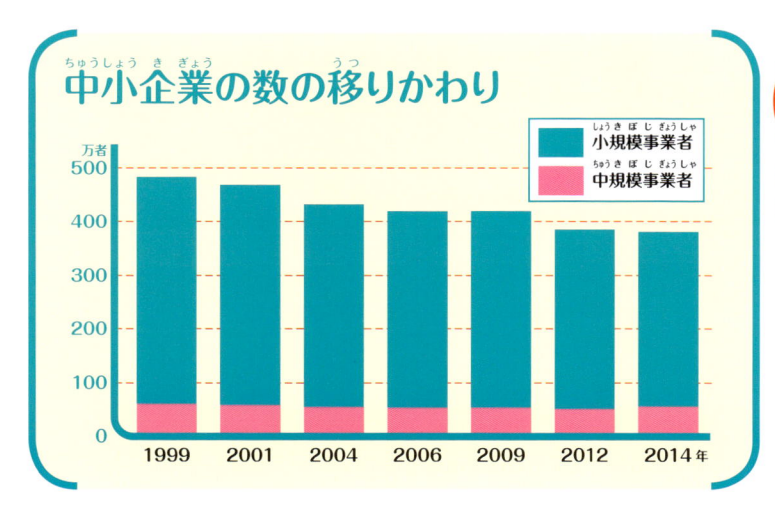

中小企業の数の移りかわり

凡例：
- 小規模事業者
- 中規模事業者

（縦軸：万者　0, 100, 200, 300, 400, 500）
（横軸：1999, 2001, 2004, 2006, 2009, 2012, 2014年）

福祉や教育、サービス業に関係する中小企業の数はふえているよ。

2009〜2014年の5年間で、中小企業の数は40万もへっている。小規模事業者とは、中小企業のうちとくに規模が小さいところ。

資料：中小企業庁「最近の中小企業・小規模事業者政策について」（平成29年9月）

中小企業の規模

業種	従業員数・資本金	小規模事業者の従業員数
製造業・その他の業種	300人以下または3億円以下	20人以下
卸売業	100人以下または1億円以下	5人以下
小売業	50人以下または5000万円以下	5人以下
サービス業	100人以下または5000万円以下	5人以下

資料：中小企業庁

中小企業を応援

日本の中小企業を元気にするために、経済産業省に所属する中小企業庁では、さまざまなとりくみをしています。

その一つが、会社の仕事に必要なお金を借りやすくしたり、税金の制度をかえたりして、中小企業の経営を安定させることです。経営が安定して、お金に余裕が出れば、人手不足の会社は、人のかわりにはたらくロボットを導入することもできます。人のかわりにロボットに作業をさせれば、生産力も上がり、経営状態もさらによくなると考えられています。

また、地域の中小企業の経営者が、会社ではたらいてくれる人と出会えるイベントを考えたり、経営に協力してくれる専門家を紹介したりしています。ほかにも、新しいアイデアの事業を試みるベンチャー企業に、お金を援助するなどのとりくみをしています。

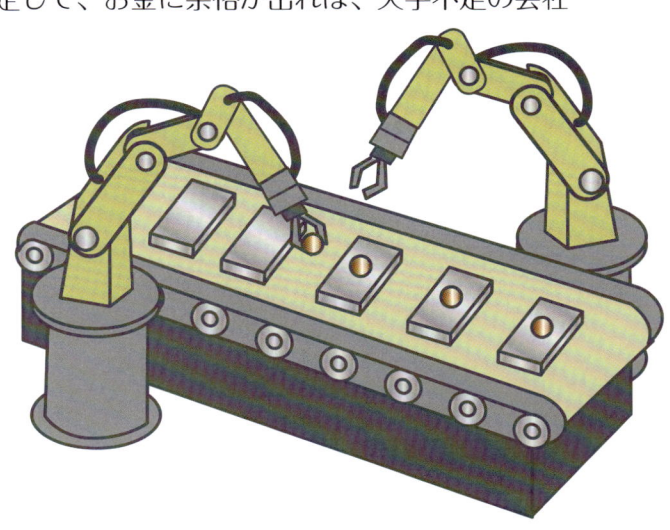

日本を元気な国にするには、中小企業の活躍が欠かせないんだ。

はたらく人たちが元気だと、まちにも活気が出るね！

そのほかの経済産業省の仕事

伝統的工芸品を広める

最新の科学や研究にもとづいたすぐれた技術は日本の強みですが、それだけではありません。100年以上、同じ材料、伝統的な技法でつくられてきたものもたくさんあります。

そうした品を、経済産業省は「伝統的工芸品」に指定しています。伝統的工芸品は2017年11月現在、全国に230あります。たとえば、宮城県の「宮城伝統こけし」、福島県の「会津塗」、神奈川県の「箱根寄木細工」、福井県の「越前箪笥」、京都府の「西陣織」、佐賀県の「有田焼」などです。

経済産業省では、伝統的工芸品の指定をふやしたり、伝統工芸を体験できるツアーを応援したりして、地域産業の発展につとめています。また、伝統的な技法と新しいデザインを組みあわせてつくった新商品を、世界で広く販売するのにつなげるとりくみもおこなっています。

繊細な技術がきれいな模様にいかされている、箱根寄木細工。

日本初の磁器の産地である佐賀県有田町とその周辺でつくられる有田焼。伊万里焼ともよばれる。

会津塗。江戸時代からつづく伝統的な技法でつくられている。

これらの伝統的工芸品は、古くから日本人が、日常のくらしの中で使用してきたものだよ。

人に役立つ先端技術の応援

インターネットなどの情報技術（IT）が発展するにつれて、わたしたちのくらしはどんどん便利になっていきました。今では、インターネットは、「IoT」という技術で、モノと人をつなげています。

IoTとは、「モノのインターネット」という英語を略したものです。たとえば、専用アプリを入れたスマートフォンをつかえば、外出先から自宅のドアの鍵のあけしめができたり、家の中のようすを見ることができたりするようになりました。うっかり消しわすれたエアコンも、外から消すことができます。こうした機能を福祉につかえば、介助が必要な人を見守れるかもしれません。

経済産業省は、このような先端技術を社会の中で活用していくための政策にもとりくんでいます。

られる、インターネットやIoT製品、人工知能（AI）、ロボットなどの先端技術を、社会に広める政策にとりくんでいます。

環境問題の解決にむけて

日本には2050年までに、二酸化炭素など、地球の気温を上昇させる「温室効果ガス」の排出量を80％へらす目標があります。経済産業省は、目標に近づくために、環境問題の解決にむけた対策を立てています。

その一つは、19ページでも紹介したような、省エネにつながる製品をつくる会社や、エネルギーのむだをなくすとりくみをしている会社や人を応援することです。

さらに、省エネや環境の改善に役立つと考え

経済の発達と環境問題は、無関係なことではないんだね。

経済産業省　データを見てみよう

経済産業省は、経済を発展させ、人びとのくらしをゆたかにするためのとりくみをおこなっています。さまざまなデータを見てみましょう。

はたらく人の数がへってきた？

10ページで見たように、産業は第1次産業（農林水産業）、第2次産業（工業など）、第3次産業（商業・サービス業など）の3つに分けられます。

第1次産業と第2次産業ではたらく人の数は年ねんへるいっぽう、第3次産業ではたらく人の数は急激にふえました。しかし、近年は、子どもの数がへってお年よりの数がふえる少子高齢化が急速に進んだことなどから、はたらく人の全体数も少しずつへってきました。

国や経済産業省は、このような問題を解決するために、年齢や性別にかかわらず、さまざまな人が元気にはたらきつづけることができる社会をめざすとりくみをおこなっています。

産業別のはたらく人の数の移りかわり

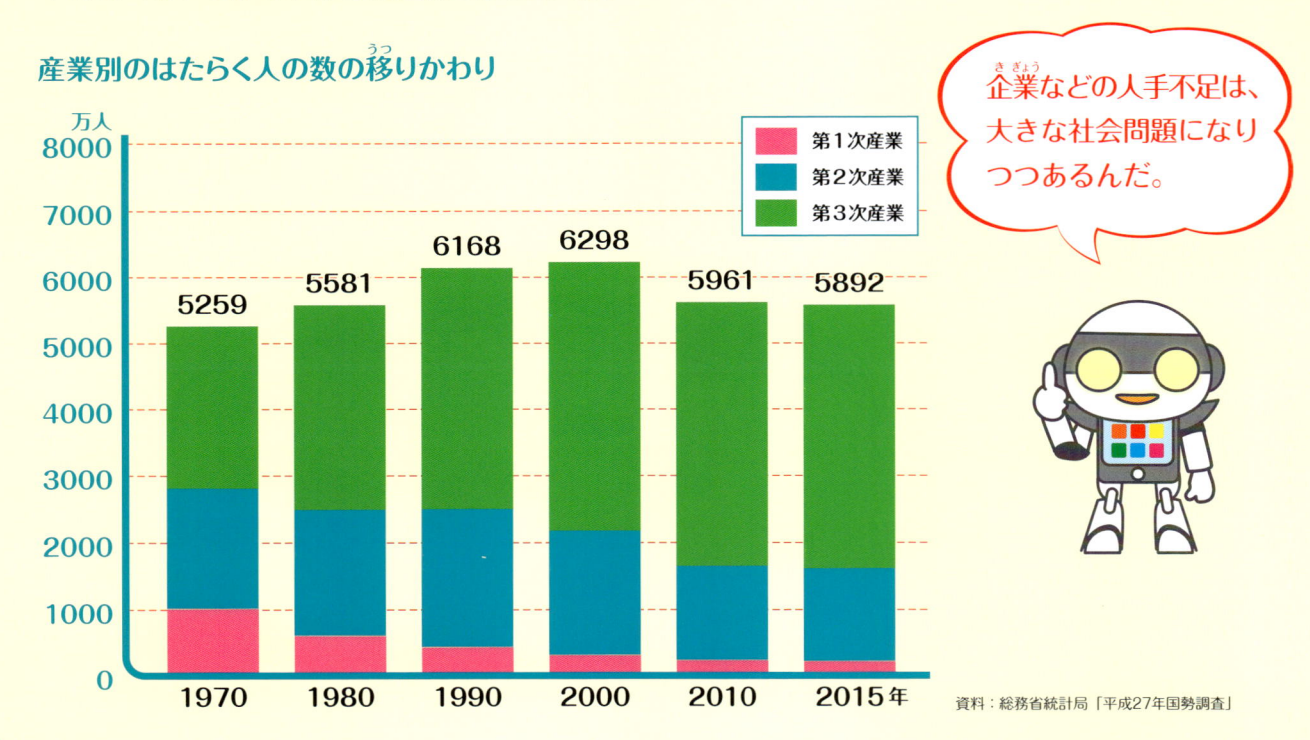

企業などの人手不足は、大きな社会問題になりつつあるんだ。

資料：総務省統計局「平成27年国勢調査」

日本と外国との貿易

いろいろな国と活発に貿易をおこなうことは、経済の発展に欠かせません。

日本の貿易額は輸出入ともに上昇をつづけていましたが、ここ十数年は、それまでとくらべて変化は少なくなっています。2016年には、6年ぶりに輸出が輸入を上まわる貿易黒字になりましたが、中国への輸出額が過去最大となったことが、理由の一つといわれています。

日本は世界中の国ぐにと貿易をおこなっていますが、中国や韓国など、距離の近いアジアの国との関係が深くなっています。また、現在の日本がもっとも重要な関係国と考えるアメリカとも、さかんに貿易がおこなわれています。

日本の貿易相手国・地域トップ10（2016年）

輸出

1	アメリカ	14兆1400億円
2	中国	12兆3600億円
3	韓国	5兆 200億円
4	台湾	4兆2700億円
5	香港	3兆6500億円
6	タイ	2兆9700億円
7	シンガポール	2兆1500億円
8	ドイツ	1兆9200億円
9	オーストラリア	1兆5300億円
10	イギリス	1兆4800億円

輸入

1	中国	17兆 200億円
2	アメリカ	7兆3200億円
3	オーストラリア	3兆3200億円
4	韓国	2兆7200億円
5	台湾	2兆5000億円
6	ドイツ	2兆3900億円
7	タイ	2兆1900億円
8	サウジアラビア	2兆1200億円
9	インドネシア	1兆9900億円
10	アラブ首長国連邦	1兆8800億円

資料：財務省貿易統計

日本の貿易額の移りかわり

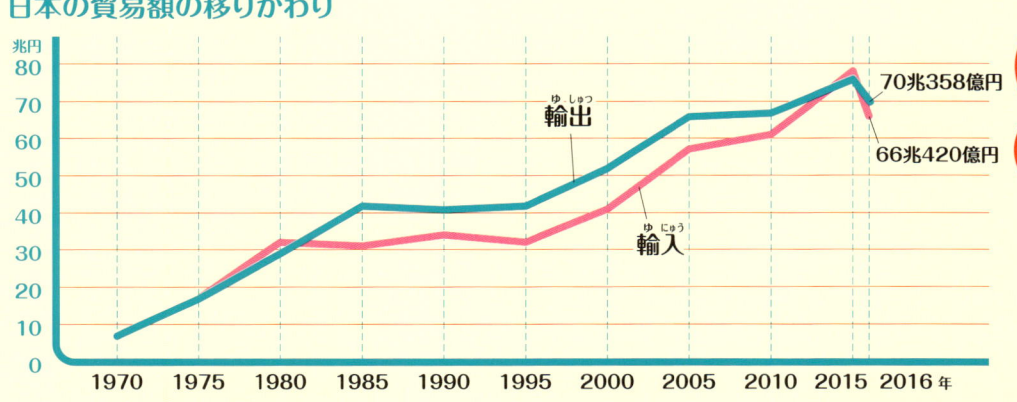

70兆358億円
66兆420億円

輸出
輸入

資料：財務省貿易統計

およそ50年で、貿易額は約10倍もふえたんだ。

経済産業省の仕事

27

日本のエネルギー問題

日本では、電気をつくりだす発電方法の中で、石油や石炭などを使用する火力発電とならんで、原子力発電が重要な位置をしめていました。しかし2011年、東日本大震災によって福島第一原子力発電所の事故がおきてからは、原子力発電の大半はストップしました。

原子力発電には、経済への影響や安全性などの面で、賛成・反対のさまざまな意見があります。石油や石炭など燃料となる資源がとぼしく、その多くを外国からの輸入にたよってきた日本では、くらしや産業に必要なエネルギーを安定して確保することは、たいへん重要な課題だといえます。

日本で発電につかわれた燃料の内わけ

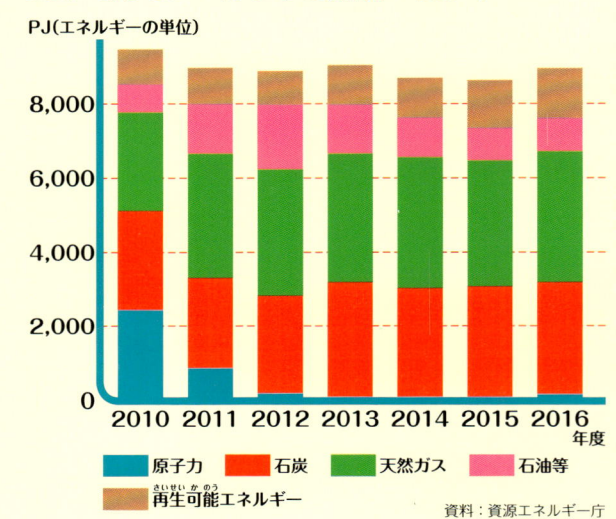

PJ(エネルギーの単位)

2010 2011 2012 2013 2014 2015 2016 年度

■ 原子力　■ 石炭　■ 天然ガス　■ 石油等
■ 再生可能エネルギー

資料:資源エネルギー庁

日本とおもな国の1次エネルギー自給率（2012年）

ノルウェー 677.4%

イギリス 60.7%

ドイツ 40.1%

韓国 18.0%

カナダ 166.2%

アメリカ 85.0%

日本 6.0%

フランス 52.9%

オーストラリア 235.4%

自分の国でまかなえるエネルギーの研究を進めることが大事だね。

1次エネルギーとは、加工する前の自然界に存在するエネルギー資源のことで、石炭、原油、天然ガス、原子力、水力、太陽光、地熱などをさす。数字が小さいほど、エネルギーを外国にたよっていることになる。
資料:経済産業省

経済産業省　なんでもQ&A

これまでのページで学んだこと以外にも、経済産業省についてのいろいろな疑問をたずねてみましょう。

経済産業省は、いつ、どうやってできたの？

経済産業省は、2001年にできた省で、もともとは通商産業省という名前だったよ。さらに前は商工省という名前で、その名の通り、商業と工業を担当する役所だったんだ。

石油は、いつかなくなってしまうの？

石油は、大昔の動物や植物の死がいがうもれてできた「化石燃料」とよばれるもので、その量には限りがあると考えられている。将来、まったく輸入できなくなる可能性もありうるから、大事につかう必要があるね。

貿易は、日本がどんどんもうかるのがいちばんだよね？

日本ばかりが黒字になりすぎて相手国の不満が高まると、「貿易摩擦」がおこって仲が悪くなってしまうこともあるから、そうとばかりはいえないかな。貿易は、おたがいの国に利益がある形がのぞましいね。

再生可能エネルギーってなに？

太陽光や風、地球の熱など、つかってもなくならないものを利用したエネルギーのことだよ。火力発電などとくらべるとまだ研究の途中だけど、エネルギー問題の解決にむけてとても重要なんだ。

経済産業省のこと、もっと知りたいなら

経済産業省についてさらに深く知りたい人のために、経済産業省の仕事にかかわる本やホームページ、見学できる施設などを紹介します。

わからないことは、施設の人に問い合わせてみるのもいいね。

経済産業省 の仕事

オススメの本

『目で見る経済 「お金」のしくみと使い方』

アルヴィン・ホール／著
相良倫子／訳
さ・え・ら書房

経済のしくみはどのように生まれたのか、仕事とお金の関係は……？ 経済に関するさまざまなヒントをちりばめた本。

オススメのホームページ

経済産業省キッズページ　ミライーノひろば

http://www.meti.go.jp/intro/kids

経済産業省がおこなっているさまざまな仕事を、インタビュー形式で紹介している。

中部電力　キッズ・展示館

http://www.chuden.co.jp/kids

電気やエネルギーに関するいろいろな質問に答えてくれる。見学できる施設の紹介などもしている。

オススメの施設

日本工芸館

日本各地の伝統的工芸品を、展示・紹介する施設。売店で伝統的工芸品を買うこともできる。

住所：大阪府大阪市浪速区難波中3-7-6

電話：06-6641-6309

展示室では、年間を通じてさまざまな展示をおこなっている。

大町エネルギー博物館

模型の展示やさまざまな実験装置で、目ではとらえづらい「エネルギー」について楽しく学ぶことができる。

住所：長野県大町市平2112-38

電話：0261-22-7770

※毎年12〜3月は冬季休館。

第2章
国土交通省の仕事

<ruby>国<rt>こく</rt></ruby><ruby>土<rt>ど</rt></ruby><ruby>交<rt>こう</rt></ruby><ruby>通<rt>つう</rt></ruby><ruby>省<rt>しょう</rt></ruby>

国土交通省ってどんなところ？

災害に強く、移動のしやすい国に

日本は、台風、洪水、地震、津波、火山の噴火などの自然災害が発生しやすい国土です。いざというときのために、みなさんのおうちでも災害用のそなえをしていると思います。

しかし災害対策は、個人の努力だけでは限界があります。堤防をつくったり、地震がおきる前に情報を流したりといった、災害をふせぐための仕事は、だれがしているのでしょうか。

国土についての仕事は、ほかにもあります。たとえば、東京都新宿区にある日本最大のバスターミナル「バスタ新宿」からは、青森県へ、福岡県へとバスが出発していきます。こうしたバスがいろいろなところに行くことができるのは、全国をつなぐ道路があるからです。

こうした道路づくりはだれが計画をして、だれが道路を整備しているのでしょうか。

　自然災害に対してどのようなそなえをすれば安心してくらすことができるのか。自動車、電車、船などをもっと便利につかうためには、どうしたらよいのか。

　こうした課題について、日本全体の発展のために必要な政策を考え、実行しているのが国土交通省です。もしも国土交通省がなかったら、台風や地震の情報を得ることができず、大きな被害が出てしまいます。交通事情は混乱し、道路は渋滞、電車も時間通りに運行できなくなってしまうかもしれません。

　また国土交通省はそれ以外にも、気象を調べたり、海のパトロールをしたり、国土にかかわる仕事をはば広く担当しています。

　国土交通省が、どのような仕事をおこなっているのか、くわしく見ていきましょう。

くらしやすいまちづくり

人が生きていくために必要なものの一つに、「住む場所」があります。国土交通省は、日本を国民にとって住みやすい場所にするための仕事をしています。

国土交通省の仕事

国土のつかい方を考える

今、日本では、人口や産業が都市に集中し、地方に住む人がへっています。このことによって、都市でも地方でも、必要な施設やサービスがゆきとどかなくなるなどの問題がおきています。

そこで、地方では、人をよびこむためのさまざまなとりくみをおこなっています。歴史的な建物をいかして、まちを観光地として整備した

り、路面電車などの交通手段をととのえて高齢者でも住みやすくしたり、といったとりくみです。そうしたとりくみを地方自治体といっしょにおこなっているのが、国土交通省です。

地方とひと口にいっても、それぞれちがった役割をもついろいろな地域があります。会社やお店がたくさんある都市、工場が集まるまち、自然がいっぱいの山里や海辺。国土交通省は、こうした地域ごとの特徴をいかして、国土全体をどのように利用するかの計画を立てています。そして、さまざまな機能をもつ地域どうしのむすびつきを強めて、日本全体を一つの国としてまとめ、発展させようとしているのです。

三大都市圏とそのほかの地方が
総人口にしめる割合（2015年）

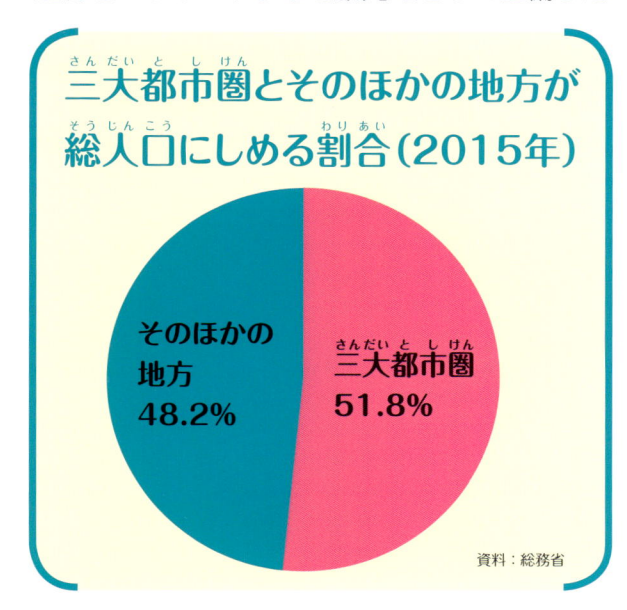

そのほかの地方 48.2%

三大都市圏 51.8%

資料：総務省

三大都市圏とは、東京圏（東京23区や神奈川県横浜市などの近郊）、中京圏（愛知県名古屋市近郊）、近畿圏（大阪府大阪市などの近郊）のことだよ。

くらしやすい家をつくる

「住む場所」としてまず思いうかぶのは、「家」ではないでしょうか。家は、食べたりねむったりして長い時間をすごす、たいせつな場所です。

そんなたいせつな家が、かんたんにこわれてしまったり、体に悪いものをつかってつくられていたりしたらこまります。そこで、国土交通省は、安心して住むことのできる住宅の基準をつくり、設計する人や工事をする会社に守らせています。

国土交通省は、安心して家に住むためのお金の支援もしています。地方自治体が民間のマンションやアパートにくらべて、安い家賃で住むことのできる公営の住宅を提供していますが、国土交通省は、この住宅の整備にお金を出しています。また、住宅ローン（住宅を買うために借りたお金と利子）をはらっている人の税金を安くするなどの手助けもしています。だれもが安心してくらしやすい家に住めるよう、さまざまな仕事をしているのです。

建築基準法

住宅をつくる基準を定めた法律の中でもっとも基本的なものが、「建築基準法」です。建築基準法では、安全にくらせる家がつくられるよう、また、周囲に迷惑のかかる建物にならないよう、建物を建てる場所や、建物の構造、つかいみちなどについて、さまざまなルールを定めています。

よく聞く「耐震基準」は、地震に対する建物の強さの基準のことなんだね。

地震があっても、かんたんにたおれたりこわれたりしないようにつくること。

健康を害するような材料をつかわないこと。

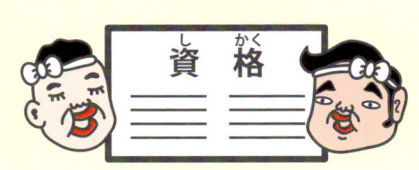

建築にかかわる人は、必要な資格をもっていること。

利用しやすい道路をつくる

日本中にはりめぐらされた、たくさんの道路。
国土交通省（こくどこうつうしょう）は人や物の移動（いどう）に欠かせない重要な
道路をつくり、管理しています。

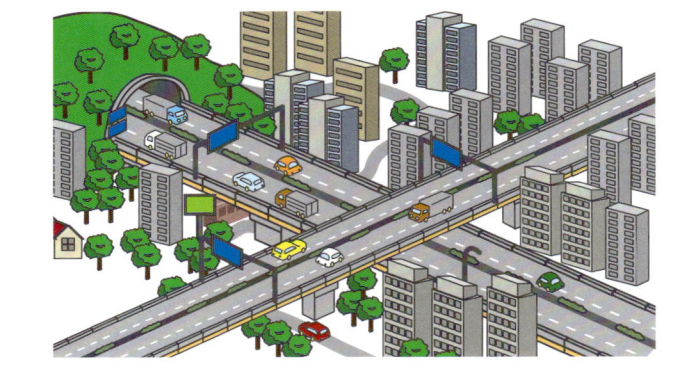

国土交通省 の仕事

道路は国の血管

わたしたちは、毎日かならず道路をつかっています。学校に行くときも、買いものに行くときも、遊びに行くときも道路をつかいます。

道路を通るのは人だけではありません。食べものや服など生活に必要な物も、道路を通ってはこばれてきます。救急車や消防車（しょうぼうしゃ）も、道路がなくてはこまっている人のところへかけつける

ことができません。道路は、日本全国の人や物をはこぶために必要不可欠（ひつようふかけつ）です。国にとって道路は、体中に血をいきわたらせる血管のような、重要なものなのです。

日本の国土には、たくさんの道路がはりめぐらされ、これらの道路が、人びとの生活や経済（けいざい）をささえています。

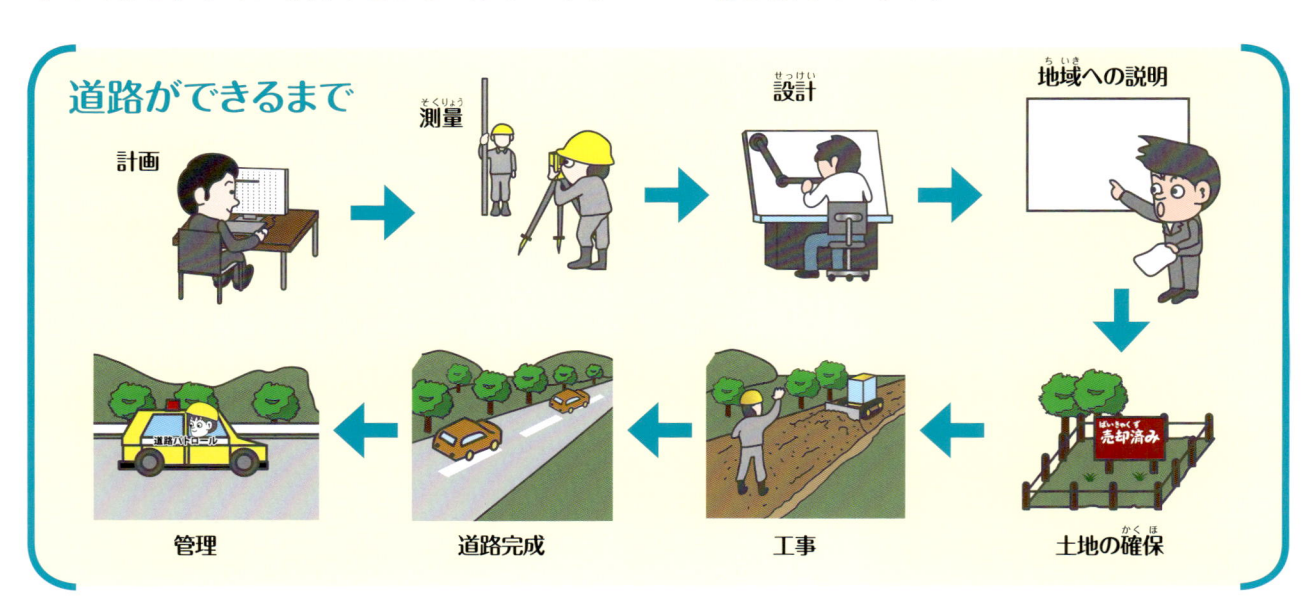

道路ができるまで

計画 → 測量（そくりょう） → 設計（せっけい） → 地域への説明（ちいきへのせつめい） → 土地の確保（かくほ） → 工事 → 道路完成 → 管理

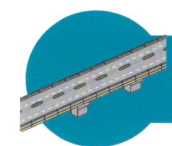

国道・高速道路の整備

　日本では、全国の地域どうしをつなぐための重要な道路は、国によってつくられ、管理されています。

　国がつくる道路の中で、歩行者も車もつかえる道路は、国道とよばれます。いっぽう、車しかつかうことのできない自動車専用道路もあります。一般的には高速道路といわれている道路です。1955年ころから、人や物が速くスムーズに移動できるよう、大きな都市のあいだをむすぶ高速道路の計画、建設が進められてきました。その結果、現在、日本全体で約9300kmの高速道路が完成しています。

　こうした国道や高速道路の建設を計画し、整備しているのが、国土交通省です。国土交通省は、安全で便利な移動を守るため、建設した道路の点検、補修などもおこないます。そして、高速道路が通っていない地域をへらしたり、渋滞を少なくするためのネットワークをつくったりして、道路をさらに便利にするためのとりくみを進めています。

　日本中には、高速道路がはりめぐらされているんだ。

日本の高速道路地図
（2018年2月現在）

――― 開通済みの
東日本・中日本・西日本高速道路
本州四国連絡高速道路
都市高速道路　など

――― 開通済みのその他の道路

········ 建設中の
東日本・中日本・西日本高速道路
本州四国連絡高速道路
都市高速道路　など

········ 建設中・計画中のその他の道路

資料：国土交通省

鉄道と航空を整備する

たくさんの人をいちどに速くはこぶことができる電車や飛行機。便利で安全な交通手段である鉄道や航空は、どのように管理されているのでしょうか。

国土交通省 の仕事

鉄道で日本全国をつなぐ

150年ほど前、日本にはじめて鉄道が開通しました。わずか30kmほどの短い距離でしたが、その後、日本の鉄道は大きな進化をとげました。現在、鉄道は、通勤・通学や買いものなどの短い距離の移動だけでなく、旅行などで地方都市のあいだも行き来できる便利な交通手段として、多くの人たちに利用されています。

こうした鉄道をどこにつくるかをきめているのが、国土交通省です。移動にこまる地域がないように、鉄道をゆきわたらせています。また、より速く便利に移動できるよう、鉄道の高速化をめざしています。その代表的なものが新幹線です。2016年には、北海道の函館から九州の鹿児島県まで、日本をつらぬくように新幹線で移動できるようになりました。

新幹線の路線図

点線は建設・計画中の路線（2018年3月現在）

青函トンネルから出てくる北海道新幹線。

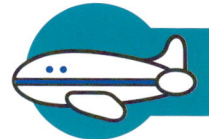

空の移動をささえる

　南北に細長く、海にかこまれた日本。国内の移動でも、外国へ行くときにも、飛行機がよくつかわれるので、空港が必要不可欠です。こうした空港の設置をはじめ、航空網の整備をおこなっているのが、国土交通省です。

　国土交通省は、飛行機がどの地域の人にとってもつかいやすい乗りものになるように、利用者の少ない地方や離島の路線の支援をおこなっています。また、大都市の空港では、滑走路を広げたり、空港をつかいやすくする工事などをおこない、より多くの飛行機が発着でき、たくさんの人が利用できるように整備しています。

安全をつかさどる

安全第一

　電車や飛行機は安全に利用できることがたいせつです。国土交通省には、鉄道や航空の安全を守るための仕事がたくさんあります。

　安全を守る仕事をしている部署の一つが運輸安全委員会です。鉄道や航空機の事故の原因や、事故につながる不具合などについて調べて、事故の予防策などを考えています。

　空港の交通整理にあたる航空管制も、飛行機の安全にかかわる仕事の一つです。飛行機が順番に飛んでいけるよう指示を出すなど、飛行機と空港の安全を守っています。

日本の空港の種類と数（2017年）

会社管理空港 （民間会社がつくり、管理する空港）	4
国管理空港 （国がつくり、管理する空港）	19
特定地方管理空港 （国がつくり、地方自治体が管理する地方空港）	5
地方管理空港 （地方自治体がつくり、管理する地方空港）	54
その他の空港	7
共用空港 （自衛隊やアメリカ軍といっしょにつかう空港）	8

空港の数は、都道府県の数よりずっと多いんだね。

運輸安全委員会は、船の事故の予防、調査もおこなうよ。

海の交通を発展させる

海にかこまれた日本では、昔から船をつかった海の交通が栄えていました。今も船が大活躍する日本の海。海の交通をささえているのは、どんな仕事なのでしょう。

国土交通省の仕事

船の交通を整備する

　わたしたちの生活に必要なさまざまな物が海外から輸入され、日本でつくられた製品もたくさん海外に輸出されています。こうした輸出入品をはこぶのにおもに用いられるのは船です。また、国内で荷物をはこぶのにも、トラックよりも経費が安く、環境にやさしく、たくさんの荷物をはこぶことができるという長所をいかして、船の利用が見直されています。そして、島で生活する人にとって、フェリーなどの船は移動のために必要不可欠なものです。

　国土交通省では、このような船による交通の整備をおこない、必要な船の路線が適切に運航されるように手助けをしています。海の交通のにない手を育てるのも大事な仕事で、船を操縦するための免許の試験や、ルールを守らない操縦士の再教育をおこなっています。また、国土交通省に所属する海上保安庁は、海の事故の防止や、犯罪のとりしまりをおこなっています。

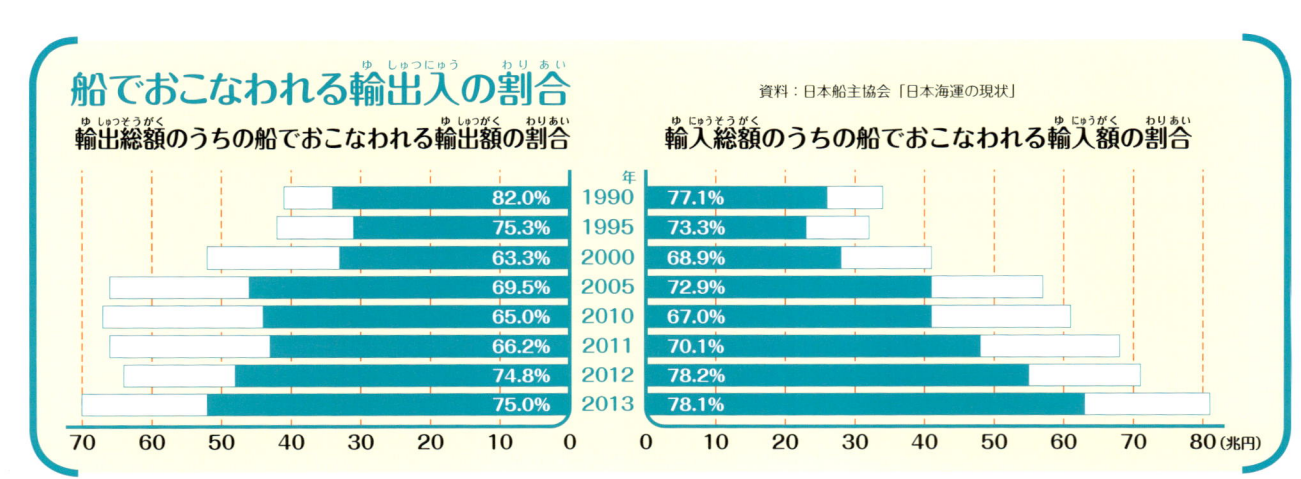

船でおこなわれる輸出入の割合

資料：日本船主協会「日本海運の現状」

輸出総額のうちの船でおこなわれる輸出額の割合

年	割合
1990	82.0%
1995	75.3%
2000	63.3%
2005	69.5%
2010	65.0%
2011	66.2%
2012	74.8%
2013	75.0%

輸入総額のうちの船でおこなわれる輸入額の割合

年	割合
1990	77.1%
1995	73.3%
2000	68.9%
2005	72.9%
2010	67.0%
2011	70.1%
2012	78.2%
2013	78.1%

70　60　50　40　30　20　10　0　　0　10　20　30　40　50　60　70　80 (兆円)

港づくりを進める

　海の上を移動してきた船がやってくるのは、港です。港は、海の玄関ともいえる重要な場所です。

　港には大量の荷物が集まります。こうした荷物をはこぶ船が安全に行き来できるよう、また、はこばれてきた荷物を効率よく移動できるよう、国土交通省は、港の設備やしくみをととのえています。こうした仕事によって、日本の産業をささえているのです。

　港は景色がよく、人が集まりやすい場所です。港が魅力的な場所になれば、たくさんの人が集まり、地域が元気になります。そこで、国土交通省では、港の周辺にある水辺の広い土地をいかし、ショッピングモールやマンション、遊園地をつくるなどの開発を積極的に支援し、港とまちの両方を元気にしようとしています。

貨物を積み下ろすクレーンのならぶ港。

港のそのほかの機能

　港の周辺には、埋め立て地がたくさんあります。この埋め立て地を利用して、発電所やごみ処理施設、清掃工場がつくられています。住宅などが密集している地域につくりにくいこうした施設を、広い土地と豊富な水のある港の周辺に集めているのです。

　港とその周辺のさまざまな施設が、わたしたちの生活をささえています。

港をつかうのは船だけではないんだね。

川を守り、水を確保する

わたしたちは、おもに川から、生活でつかう水を手に入れています。その川の安全を守り、水をきれいな状態にたもつのは、国土交通省の仕事です。

国土交通省　の仕事

川の氾らんをふせぐ

わたしたちの飲み水や、洗濯、お風呂などにつかう水、また、農業や工業でつかう水など、水の多くは川からきています。川はくらしに不可欠な水をあたえてくれるたいせつなものです。しかし、大雨などで氾らんすると、川はとてもおそろしいものになってしまいます。

国土交通省では、人びとが安心して生活ができるように、国民の生活にとくに影響がある大きな川の氾らんをふせぐためのさまざまな事業をおこなっています。

上流にダムをつくったり、川はばを広げたりして、川を流れる水の量を調整するのは、そうした事業の一つです。また、増水したときのそなえに、堤防をつくったり、一時的に水をためておける池としてつかえる施設をつくったりしています。そして、いつでも川の水の量を監視し、氾らんしそうな水量になったときは、地域の人びとに防災情報を知らせています。

川の氾らんをふせぐくふう

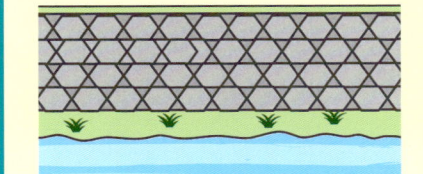

護岸　川岸をブロックなどでおおって保護する。

遊水池　川から水をあふれさせてためておく。

水門　川の合流地点で、水が流れこむのを止める。

大事な水を確保する

水道の水が、出たり出なかったり気まぐれだったらこまりますね。飲めないようなきたない水もこまります。水はくらしに欠かせないものなので、どこにくらしていても、いつでもきれいな水がつかえるようでなければなりません。

水を安定してとどけるための施設の一つが、川の上流のダムです。たくさんの水をたくわえることで、計画的に水を川に流すことができます。このダムの建設や管理は、国土交通省の重要な仕事です。森林の土が水をきれいにすることから、ダムの周辺の森林を保護し、環境をととのえるとりくみもおこなっています。

ダムの周辺だけでなく、川やその周辺の環境をととのえるのも、たいせつです。堤防の工事などの際にも、植物や動物が生息しづらくならないよう配慮しています。

川に生きる生きものの調査

川に、どんな生きものがどれくらいくらしているかを調べることで、川の水がどのくらいきれいなのかなどがわかります。

そこで、国土交通省は、環境省と協力して、川の魚や昆虫をつかまえて、川の状態を調べる調査をおこなっています。

この調査には、地域の小学生や中学生にも協力してもらうことがあります。川に親しみ、関心をもってもらい、川や水をたいせつにしてほしいと考えているのです。

こんな仕事もしているんだね！

富山県の黒部川上流にある国内最大のダム、黒部ダム。生活のための水をためるほか、水力発電もおこなっている。

日本の魅力を伝える　観光庁

国土交通省に所属する観光庁は、海外の人に日本の魅力を伝えるための機関です。日本を楽しんでもらえるよう、さまざまな環境をととのえています。

日本の魅力を海外に発信

　大きなスーツケースをもった外国人旅行者の姿をよく見かけますね。海外から日本にやってくる旅行者の数は年ねんふえ、こうした観光客がつかうお金による収入は、日本の経済の大きな柱となっています。

　このような日本の観光を発展させるための仕事をしているのが、観光庁です。近年はとくに、日本の魅力を海外に発信することに力を入れ

ています。外国の新聞やテレビ広告で日本の文化や観光地を紹介するほか、外国人向けのウェブサイトをつくり、日本食や、外国人に人気のアニメなどの情報も積極的に提供しています。

　そのほか、世界各地で日本の旅行に関する展示をおこなったり、現地の大使館と「日本祭」をおこなったりしています。外国の人が日本の魅力を知り、「日本に行ってみたい」と思えるように努力をしているのです。

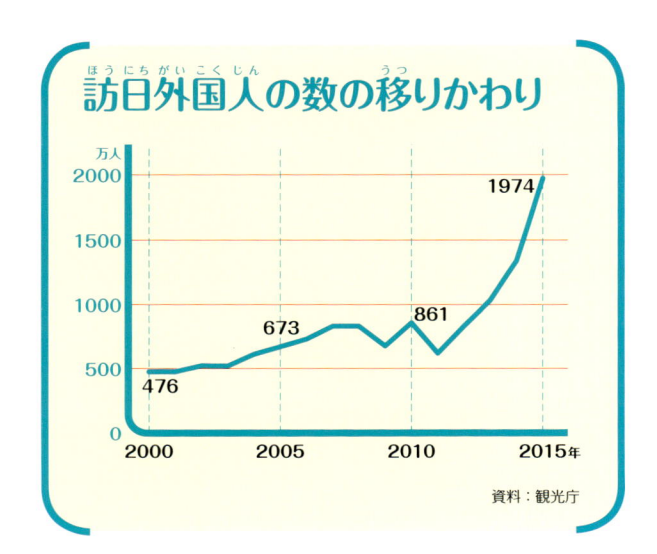

訪日外国人の数の移りかわり

476　673　861　1974

万人
2000　2005　2010　2015年

資料：観光庁

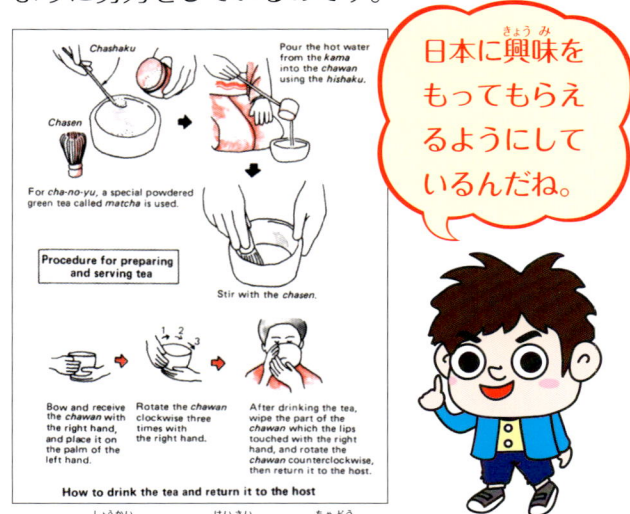

日本文化紹介サイトに掲載された茶道の説明。

日本に興味をもってもらえるようにしているんだね。

魅力的な観光地の整備

　歴史あるお寺や神社、昔ながらの街並み、美しい山や海……。日本には魅力的な場所がたくさんあります。しかし、そういった場所の中には、交通手段がなかったり、案内サービスが不十分だったりして、観光客が遊びに行きづらいところもあります。

　そうした場所がたくさんの人に来てもらえる観光地になるように、観光庁では、地域の人たちと協力しています。交通手段を確保したり、通訳や観光案内をする人を育成したりするのは、そうしたとりくみの一つです。また、いろいろな言語での案内板の設置や、インターネットを気軽に利用できる通信環境の整備も進めています。外国語で診察を受けられる病院や、いろいろなしきたりのある宗教の人が礼拝や食事にこまらないような設備の情報も提供しています。

　こうしたとりくみによって、海外から日本をおとずれた人たちが、楽しく快適にすごすことができる環境をつくっているのです。

外国人旅行者のためのさまざまなサービス

無料でWi-Fi通信がつかえるサービス。

6種類の言語がつかわれた新千歳空港（北海道）の案内板。

東京国際空港（通称羽田空港）内にもうけられた、イスラム教徒がお祈りをするための部屋。

施設をととのえるだけでなく、「オモテナシ」の気持ちがたいせつだよ。

気象を調べて伝える　気象庁（きしょうちょう）

わたしたちのくらしに深くかかわる天気や気象。国土交通省（こくどこうつうしょう）に所属（しょぞく）する気象庁（きしょうちょう）は、国民の生活を守るために、気象を調べ、情報（じょうほう）を伝えています。

国土交通省　の仕事

気象を観測（かんそく）する

「明日は運動会ができるかな？」「台風はいつごろくるんだろう？」。わたしたちの生活は、天気に大きな影響（えいきょう）を受けます。これからどんな天気になるかがわかれば、日常（にちじょう）のくらしや防災（ぼうさい）、農業、観光など、いろいろな面で役に立ちます。

そこで、気象庁（きしょうちょう）は、最新の科学技術（かがくぎじゅつ）によって、正確（せいかく）な気象情報（きしょうじょうほう）を集めています。気象衛星（きしょうえいせい）をつかって宇宙（うちゅう）から観測（かんそく）する雲の動きや、全国の気象台、測候所（そっこうじょ）、アメダス（無人の観測施設（かんそくしせつ））で計測（けいそく）する気温や降水量（こうすいりょう）、気圧（きあつ）などの情報（じょうほう）をもとに、天気を予測（よそく）しているのです。

インターネットで見られる気象庁（きしょうちょう）の天気予報（てんきよほう）。テレビの天気予報（てんきよほう）なども、気象庁（きしょうちょう）の発表（ちょう）をもとにしている。

気象情報（きしょうじょうほう）を速くとどける

台風や地震（じしん）などの自然災害（しぜんさいがい）の多い日本では、被害（ひがい）を小さくおさえるために、国民に正確（せいかく）な情報（じょう）報（ほう）をすばやくとどける必要があります。

気象庁（きしょうちょう）では、台風や地震（じしん）などの情報（じょうほう）を、国民や地方自治体、またテレビなどの報道機関（ほうどうきかん）に提（てい）供（きょう）しています。台風なら降水量（こうすいりょう）や風速などをくわしくしめし、地震（じしん）を予知した場合には緊急地（きんきゅうじ）震速報（しんそくほう）を、地震（じしん）がおきたあとは震度（しんど）や津波予測（つなみよそく）などの情報（じょうほう）を伝えます。こうした情報（じょうほう）を伝えることで、国民が自然災害（しぜんさいがい）から身を守る行動をとれるよう、手助けしているのです。

テレビを見ていると、気象情報（きしょうじょうほう）の字幕（じまく）が出ることがあるね。

災害を予測する

気象庁ではどのようにして、地震や火山の噴火などの自然災害を予測しているのでしょうか。自然現象を予測するために、気象庁はさまざまな情報を集めています。

日本には100あまりの火山があります。気象庁は、大学や地方自治体とも連携し、とくに活発な火山活動をつづけている50の火山に、監視カメラやゆれを感知する地震計などを設置し

ています。噴火をいち早く察知できるように24時間体制で監視しているのです。

地震については、地震がおきたときの波長をとらえる観測のしくみをつくっています。津波は、地震発生直後にコンピュータによって、沿岸に到達する時間と高さを予測しています。

また、台風や津波には国境はありません。外国の気象台と気象に関する情報をやりとりすることで、おたがいの国の気象予測に役立てています。

緊急地震速報のしくみ

緊急地震速報は、地震のゆれの伝わり方の特徴を生かして、地震がくることを早く知らせるしくみです。

地震がおきたとき、2種類のゆれの波が地面を伝わっていきます。一つは、伝わる速度が速くゆれの小さい波で「P波」といいます。もう一つは、速度がおそくゆれの大きい波で「S波」といい、大きな被害をもたらすのはこのS波です。つまり、小さなP波のあとに、大きなS波がやってくるのです。

各地に設置した地震計は、P波をキャッチするとすぐ気象庁に情報を送ります。コンピュータによって震源地や震度などが一瞬で予測され、気象庁は、その情報を緊急地震速報として発信し、S波による大きなゆれにそなえるよう警告しているのです。

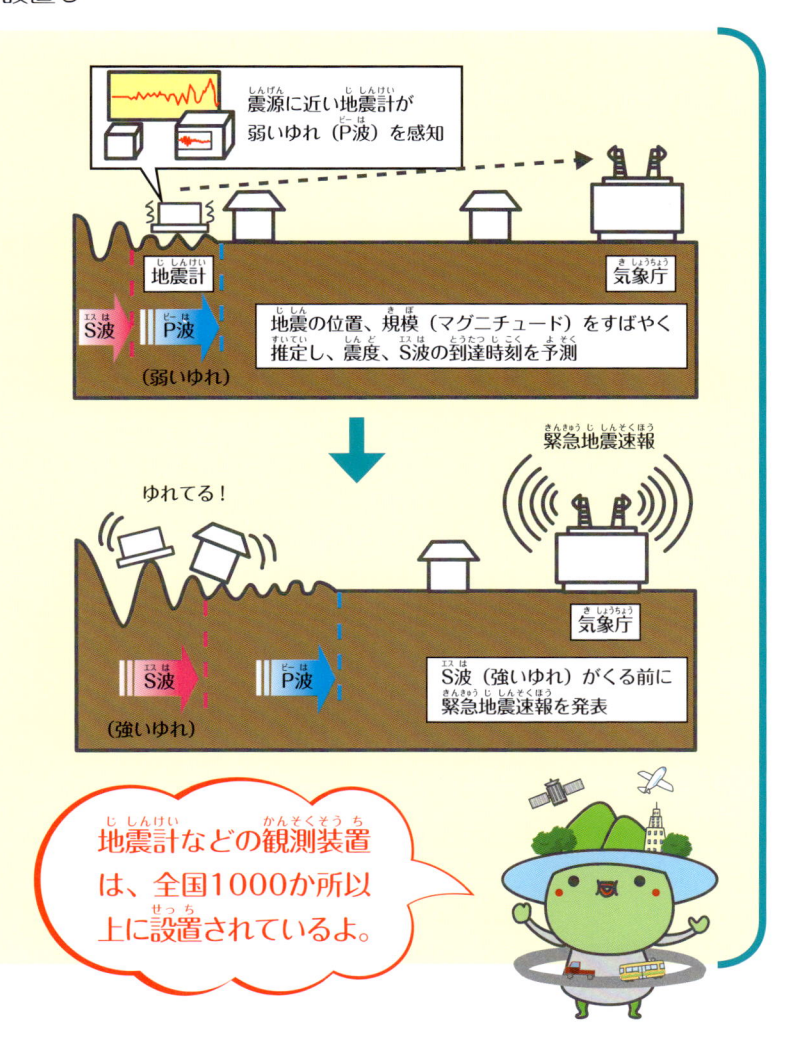

地震計などの観測装置は、全国1000か所以上に設置されているよ。

そのほかの国土交通省の仕事

海の安全を守る海上保安庁

国土交通省に所属する組織である海上保安庁は、海の安全を守る仕事をしています。

仕事の一つは、海の警察としての仕事です。日本は海にかこまれた国で、国境もすべて海にあるため、巡視船などで国境の周辺を監視しています。巡視船は、日本の領域に無断で入ってくる外国の船や、許可なしに漁をする密漁船をとりしまります。多くの船が行きかう場所での交通整理もおこないます。船の通り道を設定したり、海の上に標識を設置したりして、船が安全に運航できるようととのえています。

また、海の消防の仕事もします。海で事故にあった人の救助や、船の火災の消火活動はその一つです。

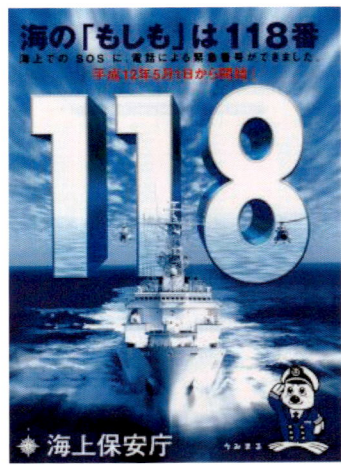

海上保安庁への通報をよびかけるポスター。海で事故にあったり目撃したりしたとき、また油もれや不審な船、密輸などを目撃したときなどが、通報の必要なケース。

海上保安庁の巡視船「かむい」（前）と「きりしま」（うしろ）。

警察は110番、消防は119番、海上保安庁は118番だね。

国土交通省の仕事

事故を調べる運輸安全委員会

　鉄道や飛行機、船などは、つねに安全を心がけて運行されていますが、ときに大きな事故や、事故につながる非常に危険な事態がおきることがあります。こうした事故などの原因を調べるための組織が、39ページにも登場した国土交通省の中にある運輸安全委員会です。

　運輸安全委員会は、事故や危険な事態がおき

地図をつくる国土地理院

　日本の国土がどのようになっているのか、土地の調査をおこない地図をつくっているのは、国土交通省の特別の機関の一つ、国土地理院です。国土地理院がつくった正確な地図をもとに、わたしたちの住んでいる町の地図や、旅行案内の地図などもつくられています。

　地図はつくって終わりではありません。地形

る と、調査官を派遣して調査をおこないます。そして、検査や試験などもおこなって慎重に事故の原因をつきとめます。この調査結果にもとづいて、事故の関係者などに、運行の改善のための情報提供や注意がおこなわれます。こうしたしくみによって、同じ事故が二度とおきないようみちびき、国民の安全を守ろうとしているのです。

　事故をふせぐための組織なんだよ。

は毎年少しずつ変動しています。航空写真を撮影したり、実際に現地を歩いたりして、地形の情報を集め、それらの情報をもとに、つねに最新の地図をつくりつづけています。

　地形の変動から火山や地震を予測することもできるため、測定した地形のデータは防災のために積極的に公開しています。

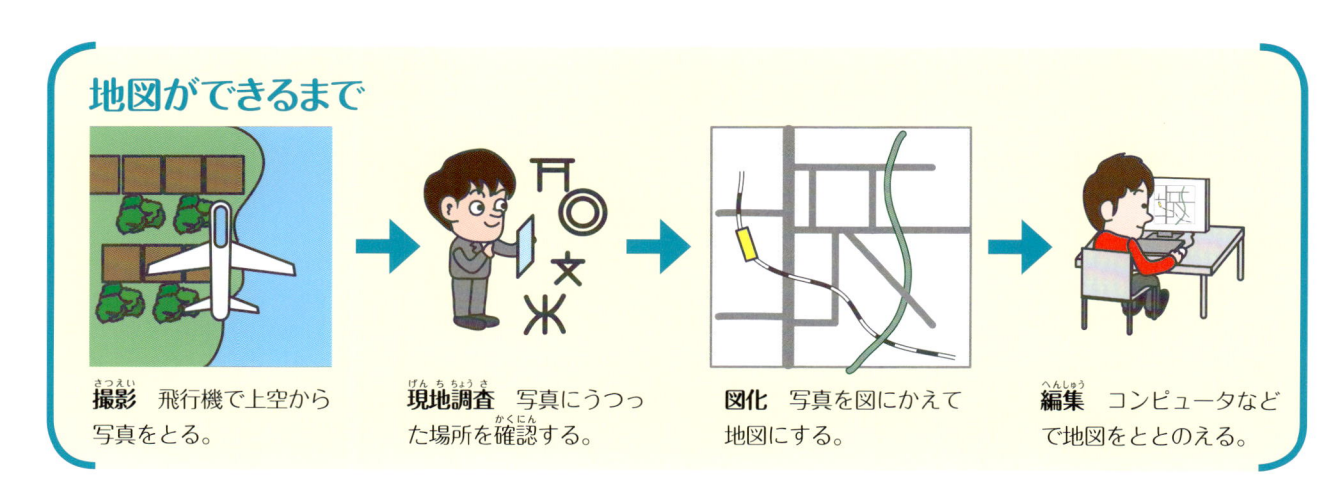

地図ができるまで

撮影 飛行機で上空から写真をとる。

現地調査 写真にうつった場所を確認する。

図化 写真を図にかえて地図にする。

編集 コンピュータなどで地図をととのえる。

国土交通省　データを見てみよう

国土交通省は、日本の国土や海、空を管理するたいせつな仕事をしています。
国土交通省にかかわりのある、さまざまなデータを見ていきましょう。

国土交通省　の仕事

「バリアフリー化」を進める

「バリアフリー」ということばを聞いたことがありますか？　「さえぎってじゃまをするものがない」という意味です。体に障がいのある人や高齢者でも商品や設備を不自由なくつかえるようにすることを、「バリアフリー化」といいます。

国土交通省では、駅や空港、港など、公共交通機関の施設を中心に、バリアフリー化を進めています。たとえば、視覚障がいのある人のための点字ブロックを設置したり、車いすでも不自由がないように通路の段差をなくしたり、障がい者用のトイレを設置したり、といった改良です。

だれもが安心して便利につかえる交通手段を提供できるよう整備を進め、現在、主要な施設での達成率は90％ほどになっています。

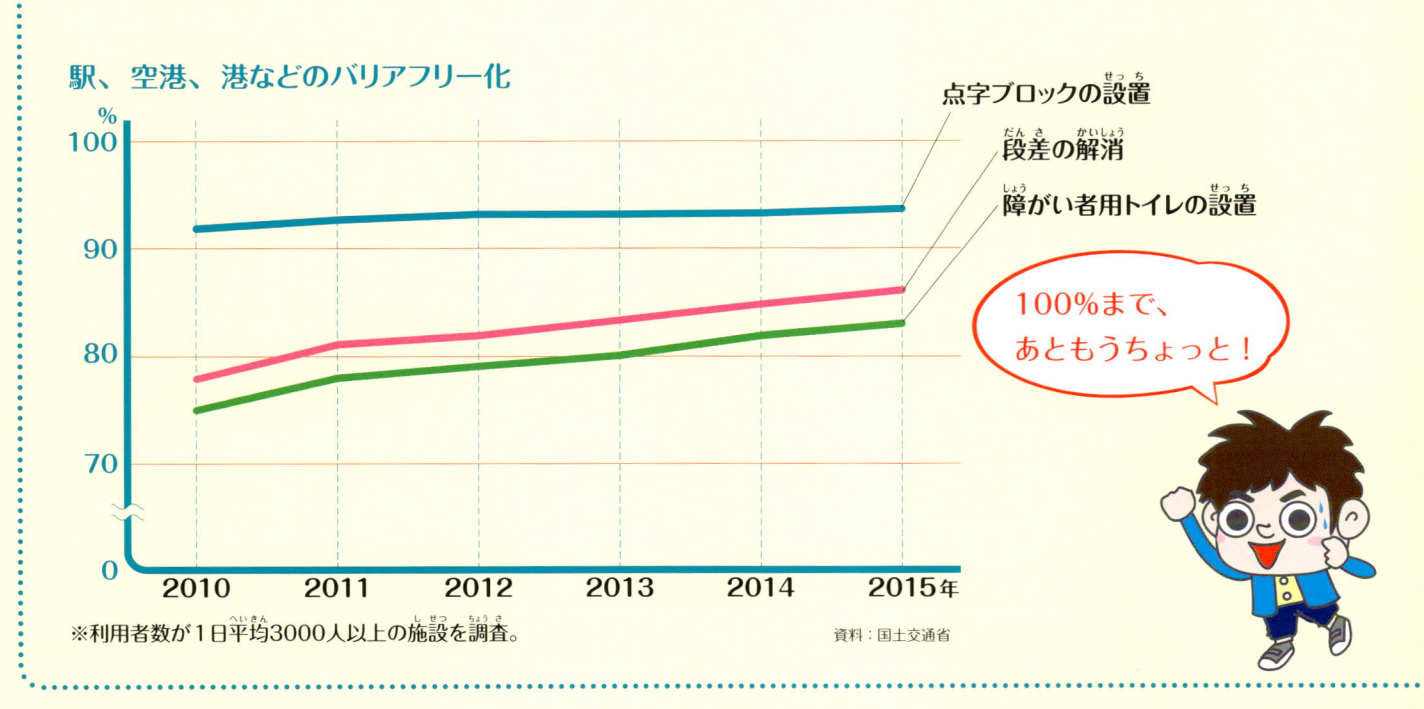

駅、空港、港などのバリアフリー化

点字ブロックの設置
段差の解消
障がい者用トイレの設置

100%まで、あともうちょっと！

※利用者数が１日平均3000人以上の施設を調査。

資料：国土交通省

自然災害へのそなえ

　自然災害の被害を小さくするとりくみの1つに「ハザードマップ」があります。予想される被害の大きさや範囲、避難場所などがしめされた地図です。洪水、火山などの災害の種類ごとに、また、各地域ごとにつくられ、災害がおきたときの住民の避難などに役立てられます。

　国土交通省では、地方自治体と協力して、このハザードマップの整備を進めています。現在、洪水については作成されている地域が多いいっぽう、下水管から水があふれるなどの内水のハザードマップは、整備がおくれています。

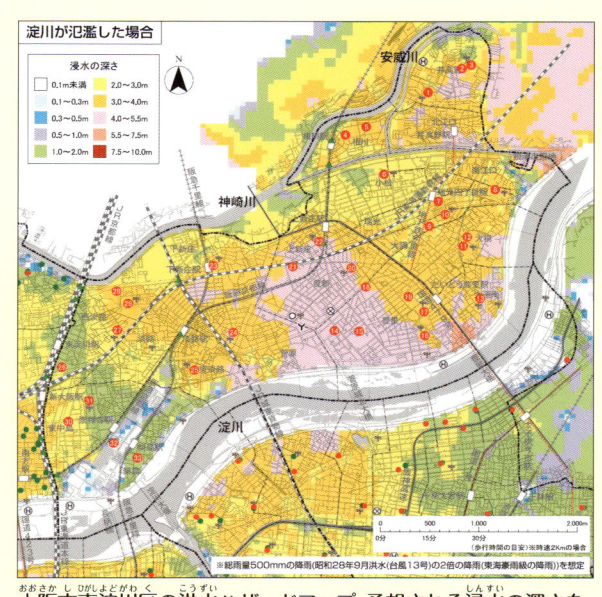

大阪市東淀川区の洪水ハザードマップ。予想される浸水の深さを、色分けしてしめしている。

災害種類別のハザードマップの作成状況（2015年3月末現在）

洪水
対象
1311市町村
公表済
1284市町村

内水
対象
484市町村
公表済
318市町村

津波
対象
671市町村
公表済
560市町村

高潮
対象
645市町村
公表済
121市町村

土砂災害
対象
1605市町村
公表済
1373市町村

火山
対象
47火山
公表済
37火山

高潮：気圧の低下により海面が上昇し、強風で陸地にふきよせられること。

資料：国土交通省

ハザードマップで、いざというときの避難場所などを確認しておこう。

外国人観光客をよびこむ

44ページで見たように、日本をおとずれる外国の人の数はふえてきています。しかし、世界全体から見ると、外国人観光客の数は、まだそれほど多いとはいえません。ヨーロッパの国ぐにやアメリカをおとずれる人の数とは、大きな差があります。

旅行客によって得られる収入も、世界的に見ると、それほど多くありません。また、日本をおとずれる人は、中国や韓国など、アジアの国の人びとが圧倒的に多くなっています。

さまざまな国のたくさんの人に日本にやってきてもらえるよう、また日本でのいろいろな楽しみを提供できるよう、観光庁を中心にさまざまなとりくみがおこなわれています。

日本に来る外国人の国・地域別の割合 (2016年)

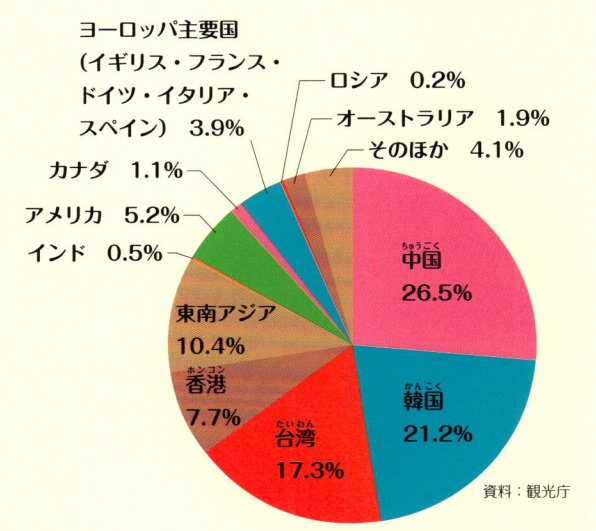

ヨーロッパ主要国（イギリス・フランス・ドイツ・イタリア・スペイン）　3.9%
ロシア　0.2%
オーストラリア　1.9%
そのほか　4.1%
カナダ　1.1%
アメリカ　5.2%
インド　0.5%
東南アジア　10.4%
香港　7.7%
台湾　17.3%
韓国　21.2%
中国　26.5%

資料：観光庁

各国・地域の外国人旅行者受入数 (2015年)

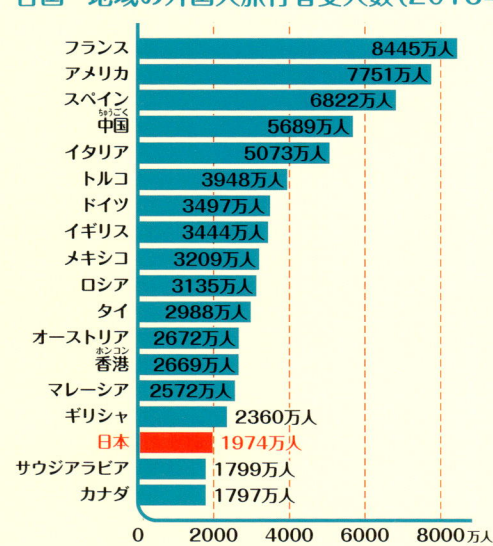

フランス	8445万人
アメリカ	7751万人
スペイン	6822万人
中国	5689万人
イタリア	5073万人
トルコ	3948万人
ドイツ	3497万人
イギリス	3444万人
メキシコ	3209万人
ロシア	3135万人
タイ	2988万人
オーストリア	2672万人
香港	2669万人
マレーシア	2572万人
ギリシャ	2360万人
日本	1974万人
サウジアラビア	1799万人
カナダ	1797万人

各国・地域の国際観光収入 (2015年)

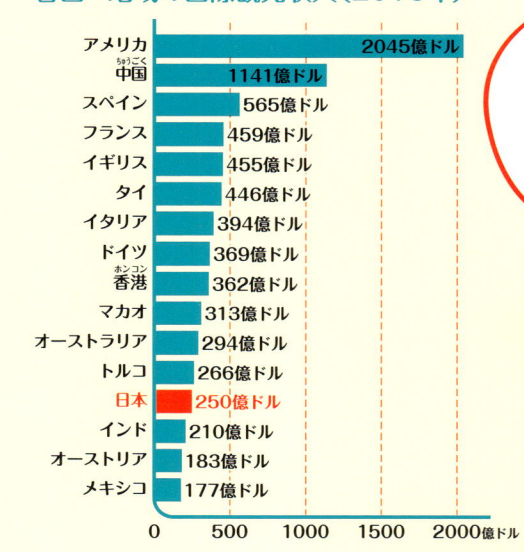

アメリカ	2045億ドル
中国	1141億ドル
スペイン	565億ドル
フランス	459億ドル
イギリス	455億ドル
タイ	446億ドル
イタリア	394億ドル
ドイツ	369億ドル
香港	362億ドル
マカオ	313億ドル
オーストラリア	294億ドル
トルコ	266億ドル
日本	250億ドル
インド	210億ドル
オーストリア	183億ドル
メキシコ	177億ドル

資料：日本政府観光局

フランスには、日本の４倍もの外国人観光客がおとずれているんだね。

国土交通省　なんでもQ&A

これまでのページで学んだこと以外にも、国土交通省についてのいろいろな疑問をたずねてみましょう。

国土交通省は、いつ、どうやってできたの？

国土交通省は、2001年に、北海道開発庁、国土庁、運輸省、建設省の４つの組織をまとめた省としてできたよ。だから、担当する仕事の範囲がとても広いんだ。

「一級河川」という標識を見たけど、川にも検定試験があるの？

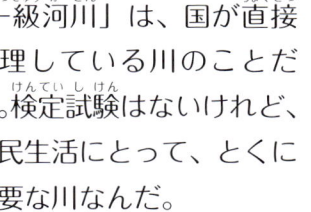

「一級河川」は、国が直接管理している川のことだよ。検定試験はないけれど、国民生活にとって、とくに重要な川なんだ。

どうして新しい道路をつくる必要があるの？

道路をつくることで、周辺の地域に人が集まったり、お店ができたりして、地域が発展するよ。それから、ほかの道路の渋滞を改善することもできるんだ。

日本の国境は海にあるって、ほんとう？

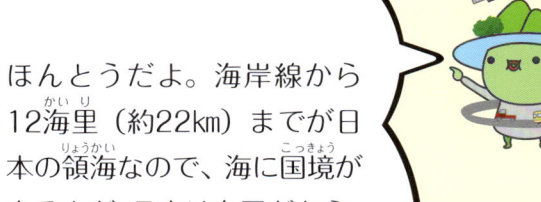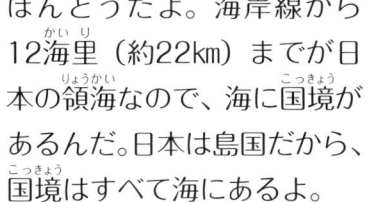

ほんとうだよ。海岸線から12海里（約22km）までが日本の領海なので、海に国境があるんだ。日本は島国だから、国境はすべて海にあるよ。

国土交通省　の仕事

53

国土交通省のこと、もっと知りたいなら

国土交通省についてさらに深く知りたい人のために、国土交通省の仕事にかかわる本やホームページ、見学できる施設などを紹介します。

わからないことは、施設の人に問い合わせてみるのもいいね。

国土交通省 の仕事

オススメの本

『世界にはばたく日本力　日本の鉄道技術』

こどもくらぶ／編

秋山芳弘／著

ほるぷ出版

世界でも注目される、日本のすぐれた鉄道のしくみや技術を紹介した本。

オススメのホームページ

国土交通省キッズコーナー

http://www.mlit.go.jp/kids
国土交通省の仕事、省内見学の案内、小・中学生からの質問と答えなどの情報を掲載。

国土技術政策総合研究所キッズページ

http://www.nilim.go.jp/lab/bcg/kids/kids.html
国土交通省の仕事についてのわかりやすい情報を掲載している。

オススメの施設

東京臨海広域防災公園

防災についての学習や訓練をおこなえる施設。タブレット端末をつかって、地震発生から72時間を自力で生きぬくクイズツアーなどをおこなう。

住所：東京都江東区有明3-8-35

電話：03-3529-2180

被災した市街地を再現したジオラマ。

大滝ダム 学べる防災ステーション

人間と水との深いかかわりを「ダムの防災」を通じて学習する、体感・体験型施設。ダムの役割を学んだり、豪雨を体験したりできるコーナーなどがある。

住所：奈良県川上村大滝962-1

電話：0746-53-2373

さくいん

監修 出雲 明子（いずも あきこ）

1976 年、広島県生まれ。国際基督教大学大学院行政学研究科博士課程修了。博士（学術）。現在、東海大学政治経済学部准教授。専門は、行政学および公務員制度論。おもな著書に、『公務員制度改革と政治主導―戦後日本の政治任用制』（東海大学出版部）、『はじめての行政学』（共著、有斐閣）など。

キャラクターデザイン・イラスト　いとうみつる

編集・制作　株式会社アルバ
編集協力　そらみつ企画
執筆協力　小倉勝登、山本拓郎、金田妙、望月裕美子
表紙・本文デザイン　ランドリーグラフィックス
DTP　スタジオポルト
図版制作　中原武士
写真協力　ソニー、アフロ、pixta

いちばんわかる！日本の省庁ナビ 6
経済産業省・国土交通省

2018 年 4 月　第 1 刷発行

【監　修】　出雲明子
【発行者】　長谷川 均
【編　集】　堀 創志郎
【発行所】　株式会社ポプラ社
　　　　　〒160-8565　東京都新宿区大京町 22-1
　　　　　電 話：03-3357-2212（営業）03-3357-2635（編集）
　　　　　振 替：00140-3-149271
　　　　　ホームページ　www.poplar.co.jp（ポプラ社）
【印刷・製本】　大日本印刷株式会社

ISBN 978-4-591-15730-5　N.D.C.317　55P　25cm　Printed in Japan

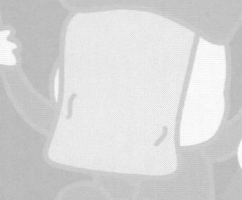

ナイカくん

内閣府
（ないかくふ）

ソームぴょん

総務省
（そうむしょう）

ホームは

法務省
（ほうむしょう）

こうろうママ

厚生労働省
（こうせいろうどうしょう）

農林水産省
（のうりんすいさんしょう）

ノースイじい

経済産業省
（けいざいさんぎょうしょう）

ケイサンダー